Metodologia de iniciação ao handebol

Metodologia de iniciação ao handebol

José Carlos Mendes
Evandra Hein Mendes

inter saberes

Rua Clara Vendramin, 58 • Mossunguê • CEP 81200-170 • Curitiba • PR • Brasil
Fone: (41) 2106-4170 • www.intersaberes.com • editora@intersaberes.com

Conselho editorial	**Capa**
Dr. Alexandre Coutinho Pagliarini	Laís Galvão (*design*)
Drª Elena Godoy	Focus and Blur/Shutterstock (imagem)
Dr. Neri dos Santos	
Mª Maria Lúcia Prado Sabatella	**Projeto gráfico**
Editora-chefe	Luana Machado Amaro
Lindsay Azambuja	**Diagramação**
Gerente editorial	Carolina Perazzoli
Ariadne Nunes Wenger	**Designer responsável**
Assistente editorial	Luana Machado Amaro
Daniela Viroli Pereira Pinto	**Iconografia**
Preparação de originais	Sandra Lopis da Silveira
GIlberto Girardello Filho	Regina Claudia Cruz Prestes
Edição de texto	
Arte e Texto	
Monique Francis Fagundes Gonçalves	

Dados Internacionais de Catalogação na Publicação (CIP)
(Câmara Brasileira do Livro, SP, Brasil)

Mendes, José Carlos
  Metodologia de iniciação ao handebol / José Carlos Mendes, Evandra Hein Mendes. -- Curitiba, PR : InterSaberes, 2023. -- (Série corpo em movimento)

  Bibliografia.
  ISBN 978-85-227-0781-2

  1. Handebol 2. Handebol - Estudo e ensino 3. Handebol - Treinamento I. Mendes, Evandra Hein. II. Título. III. Série.

23-177158   CDD-796.31

Índices para catálogo sistemático:

1. Handebol: Esporte   796.31

Cibele Maria Dias – Bibliotecária – CRB-8/9427

1ª edição, 2024.

Foi feito o depósito legal.

Informamos que é de inteira responsabilidade dos autores a emissão de conceitos.

Nenhuma parte desta publicação poderá ser reproduzida por qualquer meio ou forma sem a prévia autorização da Editora InterSaberes.

A violação dos direitos autorais é crime estabelecido na Lei n. 9.610/1998 e punido pelo art. 184 do Código Penal.

Sumário

Apresentação • 9

Como aproveitar ao máximo este livro • 13

Capítulo 1
O handebol na condição de prática esportiva sistematizada • 17

1.1 Aspectos sócio-históricos do handebol • 20

1.2 O handebol no mundo e no Brasil • 27

1.3 O handebol como fenômeno sociocultural • 33

1.4 Estrutura administrativa do handebol • 37

1.5 Evolução das regras do jogo • 40

Capítulo 2
Introdução ao handebol • 51

2.1 Características do jogo de handebol • 54

2.2 Handebol *indoor* • 58

2.3 Handebol de praia (*beach handball*) • 65

2.4 Handebol em cadeira de rodas • 70

2.5 Contextualizando as regras do handebol *indoor* • 77

Capítulo 3

Metodologia de ensino-aprendizagem-treinamento do handebol • 89

3.1 Desenvolvimento do jogo de handebol • 92

3.2 Etapas do ensino do handebol: iniciação • 96

3.3 Etapas do ensino do handebol: aprendizagem específica • 99

3.4 Etapas do ensino do handebol: especialização • 104

3.5 Metodologias de ensino do handebol • 107

Capítulo 4

Aspectos técnicos do jogo de handebol: habilidades específicas e preparação física • 127

4.1 Elementos tático-técnicos individuais de ataque • 130

4.2 Elementos tático-técnicos individuais de defesa • 143

4.3 Diretrizes para o aprendizado e o desenvolvimento dos aspectos tático-técnicos individuais do handebol • 148

4.4 Elementos tático-técnicos individuais: o goleiro • 150

4.5 Preparação física no handebol • 160

Capítulo 5

Aspectos tático-técnicos de grupo e coletivos do handebol • 171

5.1 Estrutura e postos específicos • 174

5.2 Meios táticos de grupo defensivos • 179

5.3 Meios táticos de grupo ofensivos • 186

5.4 Sistemas de defesa • 201

5.5 Sistemas de ataque • 212

Capítulo 6

Handebol na escola • 221

6.1 Papel educativo do handebol na escola • 224

6.2 Pedagogia do esporte e suas tendências para o ensino do handebol: possibilidades de desenvolvimento positivo para crianças e jovens • 227

6.3 Processo pedagógico no ensino dos elementos tático-técnicos do handebol • 232

6.4 Handebol na educação física escolar: mini-handebol como alternativa pedagógica para as séries iniciais do ensino fundamental • 237

6.5 Jogos pré-desportivos no handebol • 245

Considerações finais • 253

Lista de siglas • 255

Referências • 257

Bibliografia comentada • 271

Respostas • 273

Sobre os autores • 275

Apresentação

Este livro tem o objetivo de apresentar a modalidade esportiva do handebol de modo contextualizado em relação aos aspectos sócio-históricos, educativos, tático-técnicos, didático-pedagógicos e teórico-práticos, a fim de servir como referencial teórico para a formação inicial em Educação Física.

O handebol é uma modalidade que surgiu no final do século XIX em países do norte de Europa. Em 1919, passou por um processo de regulamentação, com a publicação de suas regras oficiais pelo professor alemão Karl Schelenz. A princípio, havia duas formas de praticar o esporte: o handebol de campo e o handebol de salão. No entanto, foi somente em meados do século XX que este último ganhou maior visibilidade e, portanto, passou a ser difundido.

Em todo o mundo, o handebol conta com um elevado número de praticantes. Entretanto, é nos países europeus que se encontram as melhores e mais rentáveis competições dessa modalidade, as quais, inclusive, contam com uma grande cobertura da mídia. No Brasil, trata-se de um dos esportes mais praticados a nível escolar, especialmente nas regiões Sul e Sudeste. Porém, existe uma significativa parcela de equipes profissionais de elevado nível competitivo espalhadas pelo país.

Considerando o exposto, este livro está dividido em seis capítulos, cujos conteúdos explorados são descritos a seguir.

No Capítulo 1, trataremos do handebol em sua condição de prática educativa. Nesse sentido, abordaremos a influência dos aspectos sociais, culturais e históricos que marcaram sua origem, o processo de regulamentação (e evolução) de suas regras e a criação das primeiras entidades administrativas. Além disso, vamos esclarecer o atual contexto da modalidade e apresentar os órgãos administrativos vinculados a esse esporte.

No Capítulo 2, discutiremos de maneira mais específica as características, a estrutura funcional e as fases do jogo de handebol, além das atuais regras do handebol *indoor*. Ainda, apresentaremos as diferentes variações do esporte desenvolvidas ao longo do tempo, a exemplo do handebol em cadeira de rodas e do handebol de praia.

No Capítulo 3, focaremos na metodologia de ensino-aprendizagem-treinamento do handebol. Vamos refletir sobre o desenvolvimento do jogo e, nessa perspectiva, explicaremos as etapas que envolvem seu ensino – iniciação, aprendizagem específica e especialização –, identificando as características de cada uma e demonstrando como elas devem ser trabalhadas na prática profissional. Por fim, abordaremos as principais metodologias de ensino voltadas à modalidade e seus pressupostos teóricos e pedagógicos.

No Capítulo 4, a partir das fases específicas de ataque e defesa, enfatizaremos as habilidades específicas vinculadas a cada uma, abordando os elementos tático-técnicos individuais de ataque e defesa e, detalhadamente, os aspectos tático-técnicos individuais do goleiro. Além disso, destacaremos as diretrizes para o aprendizado e o desenvolvimento de tais elementos no jogador de handebol, assim como os princípios da preparação física aplicada a esse esporte.

No Capítulo 5, versaremos a respeito dos aspectos tático-técnicos de grupo e coletivos do handebol. Sob essa ótica, explicaremos a estrutura e os postos/as posições específicas do jogo, os meios táticos de grupo defensivos e ofensivos utilizados no decorrer de uma partida e a composição dos sistemas de ataque e defesa.

Por fim, no Capítulo 6, trataremos do handebol na escola. Vamos refletir acerca do papel educativo desse esporte no processo de construção humana, com ênfase na pedagogia do esporte e em suas tendências para o ensino da modalidade, com vistas ao desenvolvimento positivo de crianças e jovens. Também, abordaremos o processo pedagógico vinculado à transmissão dos elementos tático-técnicos do handebol e, por fim, apresentaremos o mini-handebol como alternativa pedagógica para o ensino na Educação Física das séries iniciais do ensino fundamental, assim como algumas possibilidades de prática de jogos pré-desportivos.

Bons estudos!

Como aproveitar ao máximo este livro

Empregamos nesta obra recursos que visam enriquecer seu aprendizado, facilitar a compreensão dos conteúdos e tornar a leitura mais dinâmica. Conheça a seguir cada uma dessas ferramentas e saiba como elas estão distribuídas no decorrer deste livro para bem aproveitá-las.

Introdução do capítulo

Logo na abertura do capítulo, informamos os temas de estudo e os objetivos de aprendizagem que serão nele abrangidos, fazendo considerações preliminares sobre as temáticas em foco.

Síntese

Ao final de cada capítulo, relacionamos as principais informações nele abordadas a fim de que você avalie as conclusões a que chegou, confirmando-as ou redefinindo-as.

Atividades de autoavaliação

Apresentamos estas questões objetivas para que você verifique o grau de assimilação dos conceitos examinados, motivando-se a progredir em seus estudos.

Atividades de aprendizagem

Aqui apresentamos questões que aproximam conhecimentos teóricos e práticos a fim de que você analise criticamente determinado assunto.

Bibliografia comentada

Nesta seção, comentamos algumas obras de referência para o estudo dos temas examinados ao longo do livro.

Capítulo 1

O handebol na condição de prática esportiva sistematizada

Evandra Hein Mendes e José Carlos Mendes

Neste capítulo, abordaremos a prática esportiva do handebol. Nesse sentido, abordaremos a influência dos aspectos sociais, culturais e históricos que simbolizaram a origem dessa modalidade, desde as práticas ancestrais da Grécia Antiga, passando pela Idade Média até chegar a meados do século XX. Também trataremos do processo de regulamentação (e evolução) das regras e da criação das primeiras entidades administrativas desse esporte, aliados a fatos marcantes vinculados à sua disseminação no mundo e no Brasil. Ainda, discutiremos o atual contexto do handebol e apresentaremos os órgãos que administram a modalidade. Por fim, versaremos sobre as competições mais notórias e, especialmente, os principais resultados alcançados pelo Brasil nessa prática esportiva.

1.1 Aspectos sócio-históricos do handebol

A busca mais fidedigna pela origem das modalidades esportivas é marcada por distintas versões a respeito do local, da estruturação e da disseminação de suas práticas pelo mundo. No caso do handebol, relatos históricos apontam que, na Antiguidade, havia atividades semelhantes ao atual esporte. Por exemplo, na Grécia Antiga, os habitantes praticavam um jogo chamado *urânia* (Nagy-Kunsagi, 1983), no qual as mãos eram utilizadas para manipular uma bola do tamanho de uma "maçã" e não existiam gols. Inclusive, citações dessa prática são encontradas na *Odisseia*, de Homero, que destacou o aspecto divertido do jogo e a possibilidade de ele ser realizado pelas mulheres, conforme relata Román Seco (2015) ao transcrever parte do poema em que a filha do rei Alcínoo brincava com seus cuidadores: "Então a princesa jogou a bola para um de seus servos; no começo ele parece perder a bola, mas finalmente ele a pegou em um belo salto [...]" (Homero, citado por Román Seco, 2015, p. 6, tradução nossa).

Além do urânia, também eram populares entre os gregos os jogos com bola denominados *phainindia* (ou *feninde*), praticados ao ar livre e considerados como muito benéficos aos homens. O mais popular dos *phainindia* era o *trigon*, em que os jogadores eram dispostos em formato de triângulo e passavam a bola um para o outro batendo nela com as mãos. No *epískyros*, duas equipes, cada uma distribuída em uma das metades de um campo retangular, tentavam, por meio de arremessos, fazer a bola cruzar a linha de base defendida pelo adversário (Román Seco, 2015).

Além desses relatos, existem informações de que os romanos jogavam o *hasparton*, o qual era praticado com uma bola construída com bexiga de boi e revestida por uma capa de couro. Esse esporte envolvia duas equipes, de cinco a 12 jogadores dispostos em um campo retangular, cujo objetivo era lançar a bola à distância, rebater ou arremessá-la, com a opção de ter contato físico. Em virtude de seu caráter, o *hasparton* foi entendido por estudiosos como uma mistura de *rugby* e handebol, sendo considerado um dos jogos mais populares do império romano até o século V. Isso porque, à época, seguiam-se as normas educacionais propostas por Hipócrates, que defendia o valor dos jogos na educação e seus efeitos benéficos (Román Seco, 2015).

Durante a Idade Média, os franceses realizavam jogos em que a manipulação da bola era feita com as mãos de um modo semelhante ao handebol atual (Vieira; Freitas, 2007). Há relatos de homens e mulheres nas cortes reais que brincavam esses jogos com objetivos relacionados "ao prazer e a demonstrações de afeto" (Román Seco, 2015, p. 10, tradução nossa), e um jogo irlandês chamado *fivos* (cinco dedos da mão), que era bastante conhecido e, ainda, motivo de competições nos séculos XVIII e XIX na Inglaterra (Román Seco, 2015).

Além dessas práticas, Román Seco (2015) destaca os relatos do escritor francês François Rabelais (1454-1533) sobre um outro tipo de handebol em suas reflexões pedagógicas: "jogam bola com as palmas das mãos" (Rabelais, citado por Román Seco, 2015, p. 11, tradução nossa). Na Itália, o humanista Antonio Scaino (1524-1612) teria escrito o primeiro livro sobre jogos de bola, intitulado *Trattato del giuco della palla*, publicado em 1555, que contemplava duas modalidades de jogo: um seria o "dar e receber" da bola, e o outro seriam jogos de perseguição. Scaino também distinguiu o jogo *indoor* do jogo ao ar livre, a que chamou de *giuco da mano* (Román Seco, 2015).

Entretanto, as versões mais concretas dos "jogos populares" antecessores do handebol teriam surgido no século XIX. Um exemplo é o *haandbold*, considerado o possível antecessor do handebol de salão. Foi criado pelo professor dinamarquês Holger Nielser, em 1848, e o regulamento para seu desenvolvimento foi publicado no *Wejdlendling Haandbold*. Por sua vez, o handebol de campo teria sido oficialmente estabelecido com base em práticas como: o *raffballspiel*, cunhado pelo professor alemão Konrad Koch; o *hazena*, concebido pelo professor Kristof Antonin, em 1892, na extinta República da Tchecoslováquia; o *raftball* e o *torball*, inventados pelo professor alemão Herman Bachmann. O *torball* era um jogo habitual entre as mulheres que trabalhavam na fábrica da Siemens, sendo sua prática orientada pelo professor Max Heiser (Nagy-Kunsagi, 1983).

De modo geral, há um consenso na literatura de que o alemão Karl Schelenz (1890-1956) foi o primeiro a unificar as regras dos jogos precursores do handebol de campo e a divulgá-las para países como Estados Unidos, Irlanda, Itália, Suíça, França etc., além de ter providenciado o registro da modalidade na Federação Alemã de Ginástica (Czerwinski, 1993; Nagy-Kunsagi, 1983). Estima-se que o handebol de salão teria surgido nos países do norte da Europa (Suécia, Dinamarca e Noruega). A modalidade de campo era muito popular nesses locais, mas os rigorosos invernos levaram à necessidade de se promover adaptações às sessões de treinos e aos jogos, que passaram a ser realizados em locais cobertos (Cunha; Liberato; Irineu, 1995). Além disso, há relatos de que, em 1924, em virtude dos invernos e também da concorrência com a prática do futebol, os suecos teriam adaptado o esporte para ser praticado em espaços cobertos, além de terem reduzido para sete o número de jogadores (Vieira; Freitas, 2007).

Tais fatos desencadearam a disseminação da modalidade por toda a Europa, o que culminou, em 1927, na criação da International Amateur Handball Federation (IAHF), que, à época, contava com a participação de 11 países (Czerwinski, 1993; Nagy-Kunsagi, 1983), e que foi oficializada em 1928 durante os Jogos Olímpicos de Amsterdã. Entretanto, isso gerou uma confusão no sentido de que havia outras federações que administravam os esportes com bola, como a Federação Austríaca de Handebol, fundada em 1925, e a Federação Argentina de *El Balón*, de 1921.

O processo de consolidação da IAHF se deu no 2º Congresso da IAHF, o qual ocorreu entre 18 e 19 de maio de 1930, em Berlim. A nova estrutura passou a ser composta por 19 membros: aos países fundadores (Estados Unidos, Dinamarca, Alemanha, Finlândia, França, Grécia, Irlanda, Canadá, Áustria, Suécia e Tchecoslováquia), juntaram-se Argentina, Egito, Brasil, Japão, Polônia, Romênia, Suíça e Hungria. Além da representatividade dos quatro continentes, nesse congresso se decidiu que a "verdadeira apresentação mundial" do esporte aconteceria nos Jogos Olímpicos de 1936, a serem realizados também em Berlim, no formato de handebol de campo (Román Seco, 2015).

Ao longo do evento, o primeiro torneio de handebol de campo foi promovido apenas a título de modalidade demonstrativa, mas a receptividade do público surpreendeu. Nesse contexto, a Alemanha conquistou a medalha de ouro, ao vencer os poderosos austríacos. No entanto, o torneio ficou marcado pela qualidade dos participantes, pela participação um tanto exótica dos Estados Unidos e pela grande assiduidade do público durante toda a competição – mais de 100.000 pessoas assistiram à final, disputada no Estádio Olímpico de Berlim (Reis, 2012; Román Seco, 2015). Logo em seguida, em 1938, foi realizado o primeiro campeonato mundial masculino nas versões de campo (11 jogadores) e de salão (sete jogadores), que contou com a participação expressiva de dez países na versão de campo e de somente quatro países na versão de salão.

A prática da modalidade a nível internacional pelas mulheres ocorreu bem mais tarde. Foi apenas em 1949, na Hungria, que se realizou o primeiro campeonato mundial de handebol de campo, no qual as húngaras se sagraram campeãs em uma competição que envolveu apenas quatro países (IHF, 2019). Além desse torneio, houve somente mais duas edições de campeonatos mundiais de handebol de campo para mulheres, ambos vencidos pela Romênia (na Alemanha, em 1956, e na Holanda, em 1960). Já as competições internacionais de handebol de salão para mulheres passaram a acontecer no final da década de 1950 (IHF, 2019).

A IAHF foi a responsável pelos campeonatos mundiais em ambas as práticas (handebol de campo e de salão) até julho de 1947, quando foi fundada a International Handball Federation (IHF), atualmente o órgão máximo da administração e organização desse esporte no mundo.

Com a criação da IHF, dois fatos marcaram o futuro da modalidade. Primeiro, o handebol de campo, apesar de sua grande popularização após a Primeira Guerra Mundial, inclusive com a realização de vários campeonatos mundiais entre as décadas de 1930 e 1960, entrou em um processo de decadência, uma vez que sua prática em locais abertos, por conta dos aspectos climáticos, afastava os torcedores. Além disso, as pessoas preferiam o futebol de campo e, até mesmo, um concorrente direto: o handebol de salão, por conta de aspectos como o dinamismo do jogo e a velocidade com que era praticado. Tais aspectos atraíam cada vez mais praticantes e expectadores (FPHB, 2010; Nagy-Kunsagi, 1983). O último campeonato mundial de handebol de campo aconteceu na Áustria, em 1966, e teve a participação inexpressiva de apenas seis países (IHF, 2019).

O segundo fato foi que o handebol de salão, atualmente conhecido como *handball indoor*, continuou em franca evolução e popularização especialmente a partir de 1965, ano que representou um marco para a modalidade, por conta da decisão pelo seu retorno ao programa oficial dos Jogos Olímpicos de Munique, em 1972, agora na versão *indoor*.

No Brasil, o handebol começou a ser praticado um pouco depois. Há relatos de jogos de handebol de campo realizados após chegarem ao Brasil muitos imigrantes alemães fugidos dos conflitos da Primeira Guerra Mundial em meados de 1930, principalmente nas regiões Sul e Sudeste. O Estado de São Paulo foi pioneiro no desenvolvimento do esporte, por meio da fundação da primeira Federação de Handebol, em 1931, denominada *Associação Alemã de Handball*, e da filiação do primeiro clube, em 1932, o Sport Club Germânia – atualmente, Esporte Clube Pinheiros (Nagy-Kunsagi, 1983).

Em 1940, ocorreu a fundação da Federação Paulista de Handebol (FPHb), inicialmente com a filiação de três clubes: o Clube Macabi, a Associação de Cultura Física e o Esporte Clube Pinheiros (ECP). Entretanto, mesmo com a precoce institucionalização de um órgão administrativo da modalidade, a primeira competição oficial se deu somente em 1954: o 1º Torneio Aberto de Handebol, disputado de forma adaptada em uma quadra improvisada ao lado do campo de futebol do ECP, em que as demarcações oficiais (40 × 20 m) e as balizas foram construídas com caibros de madeira (Nagy-Kunsagi, 1983).

Apesar dos tímidos passos iniciais da modalidade no país, a primeira participação internacional de uma equipe brasileira aconteceu no 3º Campeonato Mundial de Handebol *Indoor*, em 1958, na Alemanha (Nagy-Kunsagi, 1983). Entretanto, a equipe nacional encerrou a competição sem vitórias, amargando o último lugar (IHF, 2019). No entanto, com essa participação ocorreram dois fatos marcantes, considerados os principais eventos de divulgação da modalidade para todo o país.

O primeiro se refere ao Curso Internacional de Formação e Aperfeiçoamento de Professores de Educação Física, ofertado em 1952, em Santos, para a Associação dos Professores de Educação Física de São Paulo (APEF/SP), ministrado pelo professor francês Auguste Listello (Vieira; Freitas, 2007). O objetivo geral desse curso era fomentar o ensino dos jogos esportivos coletivos, mas o esporte utilizado como modelo foi o handebol, e o professor Listello lecionou várias aulas sobre o aperfeiçoamento técnico-pedagógico dessa modalidade, oportunizando aos participantes uma vivência que, posteriormente, permitiria a disseminação do esporte no Brasil todo, sobretudo no ambiente escolar (Reis, 2012).

O segundo fato diz respeito à decisão do Ministério da Educação em incluir o handebol no programa oficial da terceira edição dos Jogos Estudantis Brasileiros (JEBs), realizados em Belo Horizonte, em julho de 1971, e, posteriormente, no programa oficial dos Jogos Universitários Brasileiros (JUBs), que ocorreram em Fortaleza, em julho de 1972. Nesse período, as competições eram disputadas por seleções estaduais, tanto escolares como universitárias.

A crescente popularização do handebol gerou uma intensa atividade em todos os estados brasileiros, tanto que "em 1973 a antiga CBD[1] realizou em Niterói o 1º Campeonato Brasileiro Juvenil para ambos os sexos. No ano seguinte em Fortaleza iniciou-se a competição para adultos" (FPHB, 2010). Entretanto, com a publicação do Decreto n. 80.228, em 25 de agosto de 1977 (Brasil, 1977), a CDB passou a ser responsável somente por administrar o futebol e demais modalidades que não eram comandadas por outra confederação especializada. Nesse contexto, o Conselho Nacional de Desportos (CND) seria a entidade a quem caberia reexaminar o quadro das confederações existentes e propor ao ministro da Educação e Cultura a criação de mais confederações.

Tais atos administrativos foram determinantes para que em 1º de junho de 1979, em São Paulo, ocorresse a fundação e a implantação da Confederação Brasileira de Handebol (CBHb), cujo primeiro presidente foi Jamil André, que também lecionava o esporte na Universidade de São Paulo (USP) e era treinador de clubes – inclusive, da seleção nacional. O alagoano José Maria Teixeira, que residia no Rio de Janeiro e, além de ser professor de handebol, também era o coordenador da modalidade nos JEBs, foi o segundo presidente da CBHb. Por ter sido transferido para trabalhar na Universidade Federal de Alagoas (Ufal), Teixeira levou a sede da CBHb para Maceió.

---

[1] Confederação Brasileira dos Desportos.

Já o terceiro presidente da confederação foi o professor Manoel Luiz Oliveira, então treinador escolar e de clubes de handebol na cidade de Aracajú, em Sergipe. Pelo fato de a CBHb não ter recursos financeiros, Oliveira solicitou, durante uma Assembleia Geral, a transferência da sede para Aracaju, onde se encontra até hoje (CBHb, 2000), sendo presidida pelo quarto presidente eleito, Felipe Tadeu Moreira Lima do Rêgo Barros.

1.2 O handebol no mundo e no Brasil

O marco inicial de organização e estruturação do handebol se deu nos primeiros anos após o fim da Segunda Guerra Mundial, por iniciativa do sueco Gösta Björk e do dinamarquês Franklin Soerensen durante o Congresso Fundador da IHF em Copenhague, de 11 a 13 de julho de 1946. O evento contou com a participação dos membros fundadores representando Noruega, Holanda, Suíça, França, Finlândia e os já mencionados da Suécia e da Dinamarca (Román Seco, 2015).

Nesse congresso, ficou definida a realização do Curso de Formação de Árbitros, em Vejle, na Dinamarca, em 1947, no qual surgiram os novos regulamentos e regras gerais, sob o título *Das Handballspiel*. Na ocasião, ocorreu a formação de 29 árbitros, com a tarefa de expor os ensinamentos subsequentes em seus países de origem.

O Segundo Congresso da IHF aconteceu em Paris, em junho de 1948, graças a pedidos de admissão de novos membros. Assim, os seguintes países foram incorporados: Bélgica, Islândia, Áustria, Portugal, Roménia, Espanha, Tchecoslováquia, Hungria e Luxemburgo. Além disso, também foi decidida a realização do 2º Campeonato Mundial de Handebol de Campo, na França, e do 1º Campeonato Mundial Feminino, aprovado para acontecer em 1949, na Hungria (Román Seco, 2015).

Também merece destaque a retomada dos campeonatos mundiais da modalidade a partir de 1954, na Suécia, com a realização do Campeonato Masculino, do qual participaram seis países. Quanto à modalidade feminina, a primeira edição do Campeonato Mundial ocorreu em 1957, na extinta Iugoslávia, a qual contou com nove países. A seleção consagrada como a primeira campeã mundial foi a da extinta Tchecoslováquia (IHF, 2019).

O Brasil, em 1958, na Suécia, e o Japão, em 1961, na França, foram os primeiros países não europeus a participarem de campeonatos mundiais, sendo que, em 1964, ao longo do campeonato mundial masculino, na Tchecoslováquia, a modalidade *indoor* contou com 16 seleções e a especial e expressiva participação de três equipes não europeias: Egito, Japão e Estados Unidos (IHF, 2019). Entre as mulheres, o selecionado japonês também foi a primeira equipe não europeia a disputar um campeonato mundial, realizado em 1962, na Romênia (IHF, 2019).

Tais fatos são reconhecidos como os principais marcos da implantação e expansão internacional do handebol, tanto que, a partir de 1965, decidiu-se pelo retorno da modalidade no programa oficial dos Jogos Olímpicos, agora na versão *indoor*. Assim, em 1972, nos Jogos Olímpicos de Munique, o handebol de salão se tornou modalidade oficial. Todavia, o torneio foi disputado apenas por equipes masculinas, consagrando a Iugoslávia como a primeira campeã olímpica da história da modalidade. As equipes femininas retornaram em 1976 ao programa oficial dos jogos, na cidade de Montreal, ocasião em que a União Soviética se tornou a primeira campeã olímpica da modalidade feminina (Hubner; Reis, 2005; Reis, 2012).

A introdução do handebol nos Jogos Olímpicos proporcionou uma grande visibilidade ao esporte. Nesse sentido, impulsionou uma significativa evolução tático-técnica, bem como a criação de federações continentais e a implementação de um número maior de competições em distintas categorias (júnior e juvenil), concomitante ao surgimento de publicações e trabalhos de investigações científicas tendo essa modalidade como objeto de estudo (Prudente; Garganta; Anguera, 2004).

Esses fatos podem ser observados nos arquivos das competições da IHF, que em 1976, além do Campeonato Mundial Adulto, desenvolveu mais dois campeonatos mundiais na mesma categoria, denominados *Campeonatos Mundiais B e C*, ambos realizados a cada dois anos para países com menores níveis de desempenho na modalidade. Ao todo, foram oito edições dos mundiais B e C (IHF, 2019). Além dessas competições na categoria adulta, foram implementados, a partir de 1977, campeonatos mundiais na categoria júnior (homens abaixo de 21 anos, e mulheres abaixo de 20 anos), também promovidos a cada dois anos. Por sua vez, em 2005, foram criados, seguindo o mesmo formato, campeonatos na categoria juvenil (homens abaixo de 19 anos e mulheres abaixo de 18 anos).

Em 1993, o campeonato mundial realizado na Suécia simbolizou a unificação dos campeonatos mundiais na categoria adulta, sendo realizado com 16 países. Ainda, foi definido que os torneios ocorreriam a cada dois anos (anos ímpares), sempre no mês de janeiro, para os homens, e em dezembro, para as mulheres (IHF, 2019).

Além da IHF, também merece destaque a European Handball Federation (EHF), fundada em 17 de novembro de 1991, instituição que foi o berço e a sede das grandes potências do handebol mundial. Desde o primeiro campeonato europeu adulto, em Portugal, em 1994, calendários e competições foram implementados pelo órgão europeu contemplando todas as categorias e proporcionando que os mais jovens pudessem participar das competições internacionais. Assim, as categorias juvenil, júnior, adulta, masculina e feminina receberam um vasto calendário competitivo internacional, o qual alternava as competições internacionais europeias e os respectivos campeonatos mundiais. Portanto, os confrontos oficiais entre países foram multiplicados, e foram reforçados os intercâmbios entre as escolas, por meio dos quais foram criados novos programas de talentos. Consequentemente, houve um considerável crescimento do nível de jogadores em todas as nações.

No Brasil, a CBHb tem organizado e promovido diversas competições e ações para a divulgação e implementação da modalidade no país, bem como para a melhoria da *performance* de atletas e treinadores. A esse respeito, destacamos três importantes momentos que impulsionaram o handebol no Brasil.

O primeiro se deu na década de 1980, quando as principais competições de âmbito nacional assumiram o principal papel de massificar a modalidade no país, a exemplo dos Jogos Universitários e dos Jogos Escolares Brasileiros, organizados pelo governo Federal, da Taça Brasil de Clubes Campeões Adulto e Juvenil e dos Campeonatos Brasileiros de Seleções Juvenil – as competições mais expressivas organizadas pela CBHb (inclusive, a Taça Brasil segue sendo disputada até hoje, mas sob a denominação *Copa do Brasil*).

O segundo momento, nos anos de 1990, foi a criação dos Campeonatos Brasileiros de 1ª e 2ª divisões na categoria adulta e dos Campeonatos Brasileiros nas categorias de formação (infantil, cadete, juvenil e júnior), os quais estimularam o surgimento de vários clubes e fomentaram a modalidade no país. Além desses fatos, na mesma década, ocorreram as primeiras participações do Brasil nos Jogos Olímpicos: a seleção masculina esteve em Barcelona (1992) e em Atlanta (1996), em paralelo às participações nos campeonatos mundiais nas categorias adulto e júnior, em ambos os gêneros.

Por fim, o terceiro momento diz respeito ao início do novo milênio. Os fatores anteriores impulsionaram a modalidade a uma possível profissionalização, mediante a criação da Liga Nacional de Handebol, em 1997, uma competição na categoria adulta (naipes feminino e masculina) nos moldes da Super Liga de Voleibol ou da Liga Nacional de Futsal que pretendia abranger clubes de todos os estados brasileiros, com transmissões ao vivo em canais de televisão. Esse cenário conferiu enorme visibilidade à modalidade e propiciou maior estruturação financeira às equipes (Nunes; Rocha, 2017).

Nesse período, a seleção feminina conseguiu sua primeira classificação e participação em uma edição dos Jogos Olímpicos (Sydney – 2000). Além disso, ocorreu a inédita participação das seleções feminina e masculina na mesma edição dos Jogos Olímpicos, em Atenas (2004). A partir de 2005, foram contratados dois treinadores espanhóis para os dois selecionados: Juan Oliver Coronado para a equipe feminina, e Jordi Ribera para a equipe masculina. O objetivo de ambos era planejar e organizar o processo de desenvolvimento das seleções adultas e das categorias de formação.

Esse contexto desencadeou uma evolução sem precedentes de jogadores e jogadoras da modalidade no país. Muitos atletas se transferiram para clubes europeus, e as seleções brasileiras melhoraram sensivelmente seus desempenhos nas competições internacionais nas categorias juvenil, júnior e adulta. Um exemplo disso foi o primeiro título da seleção feminina adulta no campeonato mundial realizado na Sérvia, em 2013 (Nunes; Rocha, 2017).

Nos últimos anos, o handebol brasileiro passou por uma ascensão no contexto mundial, especialmente quando as seleções adultas foram dirigidas pelo treinador espanhol Jordi Ribera (masculino) e pelo treinador dinamarquês Morten Soubak (feminino). Ambas obtiveram bons resultados e conquistas individuais expressivas que contribuíram para consolidar o esporte nos níveis mundial e nacional (Nunes; Rocha, 2017).

O handebol brasileiro masculino participou de algumas edições dos Jogos Olímpicos e de mundiais. Embora esteja em crescente ascensão, os resultados são menos expressivos em comparação com os obtidos pela seleção feminina adulta. Considerando as competições mundiais no naipe masculino, o Brasil, em 2011, ficou em 21º lugar; em 2013, subiu para o 13º lugar; em 2015, terminou na 16ª colocação; em 2017, novamente em 16º; e em 2019, conquistou a nona colocação, o melhor resultado competitivo do país em toda a sua história (IHF, 2019).

Em relação às seleções femininas, desde 2005 o handebol está em ascensão. Durante a disputa do Campeonato Mundial em São Petersburgo (Rússia), sob a direção do treinador espanhol Juan Oliver Coronado, a seleção adulta conquistou um inédito sétimo lugar (IHF, 2019). Em 2011, jogando em solo brasileiro, parou nas quartas de final e encerrou a competição no expressivo quinto lugar; em 2013, venceu a Sérvia e consagrou-se campeã mundial, um feito gigantesco na modalidade. Nos Jogos Olímpicos, o resultado mais expressivo foi a quinta colocação do handebol feminino, em 2016, e no naipe masculino, também em 2016, a seleção nacional finalizou o torneio na sétima colocação.

Esses bons resultados proporcionaram a ida de inúmeros jogadores e jogadoras do Brasil para clubes europeus, a exemplo de Duda Amorim, inúmeras vezes campeã da EHF Champions League pelo Györi Audi ETO KC, da Hungria, e eleita a melhor jogadora do mundo da década 2010-2020, um marco histórico para a modalidade brasileira. No masculino, Rogério Moraes foi bicampeão da EHF Champions League pela equipe Vardar, e Thiagus Petrus e Haniel Lângaro são atuais campeões pela equipe do Barcelona.

Quanto às competições em nosso país, o calendário anual da CBHb contempla a realização de campeonatos disputados em distintas etapas durante o ano, tais como o Circuito Brasileiro de Handebol de Areia e a Liga Nacional, bem como outras competições de caráter único ao ano, a exemplo dos campeonatos brasileiros de clubes em distintas categorias (infantil até o adulto) e da Copa Brasil, todos realizados nos naipes masculino e feminino. A partir de 2021, após conturbados problemas judiciais envolvendo dirigentes da CBHb, com a eleição de uma nova equipe gestora, o handebol brasileiro passou por um processo de reestruturação, o qual contou com iniciativas voltadas ao processo de formação de jogadores e à massificação da modalidade no país.

1.3 O handebol como fenômeno sociocultural

Na sociedade atual, o esporte se popularizou e se tornou acessível a todos, sendo considerado um fenômeno social. Os eventos esportivos e sua divulgação nas mídias têm influenciado muito a inserção do esporte na vida cotidiana das pessoas.

O esporte é considerado um fenômeno cultural universal presente e significativo no cotidiano de povos de distintas nacionalidades, independentemente de classificação socioeconômica, assim como no processo educativo/formativo das instituições de ensino. Suas diferentes formas de expressões variam de acordo com os objetivos, os sentidos e as necessidades de seus praticantes. De toda forma, é um patrimônio sociocultural da humanidade praticado, geralmente, em três vertentes: esporte educacional, esporte recreativo e esporte de elite.

Em geral, o esporte possibilita ao praticante a aquisição de habilidades motoras, o desenvolvimento da aptidão física e a incorporação de valores de boa conduta, como respeito, disciplina, socialização e cooperação (Almeida; Gutierrez, 2009). Além disso, a prática esportiva minimiza as desigualdades econômicas e sociais, na medida em que as regras são iguais para todos, ou seja, não há distinção de raça, classe, sexo ou religião.

O esporte engloba regras de ação próprias, regulamentadas e institucionalizadas, direcionadas para um aspecto competitivo, seja ele caracterizado pela oposição entre sujeitos, seja pela comparação entre realizações do próprio indivíduo. Por sua vez, expressa o desejo do ser humano de emocionar-se, superar-se, jogar, brincar e comunicar-se (Bento, 2004). A competição é uma característica inerente ao fenômeno esportivo, assim como à própria vida. No entanto, o campo esportivo regulamenta e universaliza as condições e normas para competir (Marques, 2000).

Por outro lado, a competição está intimamente relacionada à cooperação para alcançar objetivos comuns (Marques; Gutierrez; Almeida, 2006). Quando se compreende que a competição propulsiona a evolução, torna-se possível perceber o sentido da cooperação (Marques, 2000).

Os sentidos e valores que os esportes assumem para as pessoas dependerão do contexto em que são praticados, embora as características específicas da prática sejam mantidas (Proni, 1998). Em decorrência disso, é possível perceber, no contexto atual, a importância do esporte no processo de inclusão de pessoas com alguma deficiência, por meio da possibilidade de participarem de jogos paralímpicos ou adaptados.

Nessa perspectiva, o esporte se transforma e se ressignifica constantemente segundo os contextos em que é realizado. Por isso, deve ser compreendido como um fenômeno sociocultural que expõe diversos elementos do cotidiano humano. Os valores a ele atribuídos dependem da relação estabelecida pelas pessoas nos diferentes papéis sociais que exercem quando praticam algum esporte.

O sentido educacional emerge facilmente do campo esportivo, proporcionando diversas aprendizagens, razão pela qual o esporte é indissociável da educação (Santana, 2005). De fato, inicialmente, ele se insere na vida das pessoas em ambiente escolar, especificamente nas aulas de Educação Física. Isso explica por que é muito importante que os professores promovam a ampla vivência dos esportes existentes. Além disso, é de extrema relevância considerar as possibilidades de aprendizagem e desenvolvimento individual e coletivo que o esporte transmite em qualquer forma de manifestação. Como destacam Marques, Almeida e Gutierrez (2007, p. 239, grifo do original): "Uma partida de *handebol* pode tanto ser violenta e segregadora, como não violenta e integrativa. Depende do direcionamento do sentido a ser adotado e os valores morais presentes, e isso deve ser considerado, principalmente, em processos educacionais nos quais o esporte está inserido."

Essa multidimensionalidade cotidianamente atribui ao esporte uma carga elevada de responsabilidade sobre diversas contribuições que sua prática deveria proporcionar aos seus praticantes. Talvez a mais controversa seja sua utilização como ferramenta e veículo educativo por excelência, pois postula seu fomento a partir de princípios pedagógicos em consonância com as características psicoevolutivas dos praticantes e de seus respectivos ciclos da educação básica, cumprindo com os princípios de inclusão, solidariedade, igualdade, alteridade, reconhecimento e respeito às diferenças, com base no desenvolvimento da autonomia, da cooperação e da participação social.

O esporte educacional ocupa um espaço de importância tão grande na sociedade mundial que a Organização das Nações Unidas para a Educação, a Ciência e a Cultura (Unesco) sugere sua presença no currículo escolar, além de incentivar a possibilidade de estabelecer parcerias com organizações esportivas comunitárias para promover uma maior e melhor inserção social, resguardados os devidos cuidados na seleção das atividades esportivas a serem incluídas no currículo e considerando, também, a infraestrutura local e as reais necessidades da comunidade em questão (Unesco, 2015).

A relevância formativa do esporte em uma sociedade pode ser mensurada pelo ato em conjunto do Conselho da União Europeia e do Parlamento Europeu que declararam o ano de 2004 como o Ano Europeu da Educação através do Esporte, sob o lema *Mueve tu cuerpo, abre tu mente* (Giménez; Abad; Robles, 2009; Jiménez, 2012), na expectativa de sensibilizar a população sobre a importância do esporte na educação básica, especialmente por meio da valorização das aulas de Educação Física (European Commission; Eacea; Eurydice, 2013).

Apesar de iniciativas bem-sucedidas com a prática do esporte educacional e de sua presença obrigatória como conteúdo nas propostas curriculares de diferentes países, não há evidências científicas dos inumeráveis efeitos positivos de caráter biológico, psicológico e social propiciados pela prática esportiva, a não ser as que contemplam o desenvolvimento dos indivíduos nos seguintes aspectos (Contreras; Velázquez; De La Torre, 2001):

I. **Intelectual**: Promove a compreensão do seu significado, tanto do ponto de vista sociocultural como das próprias percepções e ações do sujeito-protagonista, por meio de análise e reflexão acerca dos motivos e das consequência de suas condutas durante a prática, valorizando e discriminando as distintas possibilidades oferecidas como expectativa de contribuição para o bem-estar pessoal e social.

II. **Motor**: Propicia o aprendizado e a utilização, de maneira aberta e flexível, dos pensamentos estratégicos em função dos estímulos disponíveis no ambiente de prática, aproveitando as possibilidades quantitativas e qualitativas de movimento adequadas às características psicoevolutivas de cada faixa etária.

III. **Moral**: Incentiva a valorização de seu próprio esforço e do de seus companheiros e o respeito as regras, bem como: o desenvolvimento de atitudes de esforço e superação de si mesmo; o senso crítico mediante determinadas atitudes e práticas que têm no esporte um mero instrumento de interesses sociopolíticos e econômicos; a responsabilidade e as consequências de suas ações, sendo tolerante aos erros alheios; valorização da prática esportiva como parte de um estilo de vida ativo, lúdico e altruísta para o bem-estar pessoal e social.

Nesse cenário, devemos compreender que o caráter dado ao esporte é determinado pelo contexto de sua prática, que estimula tanto o desenvolvimento do espírito coletivo quanto individual, bem como a educação para o respeito às regras, aos companheiros e adversários, a fim de permitir que sua prática possa ser convertida em uma autêntica atividade educativa (Fuentes-Guerra, 2003).

O esporte educacional, caso do handebol, depende, essencialmente, do compromisso explícito de seus promotores proporcionarem uma prática com base em uma perspectiva pedagógica que oriente o processo de ensino-aprendizagem para o desenvolvimento das capacidades cognitivas, motoras e atitudinais, a fim de permitir uma participação ativa, crítica, autônoma e responsável no contexto social de acordo com a condição de participante, espectador e/ou consumidor (Darido, 2001; Darido; Rangel, 2005; Jiménez, 2012).

1.4 Estrutura administrativa do handebol

A criação de instituições regulamentadoras do handebol propiciou uma estruturação do esporte e sua difusão pelo mundo todo, especialmente com a fundação da IHF, em 1946, o órgão máximo da estrutura administrativa mundial da modalidade.

A IHF tem sede própria na cidade de Basileia, na Suíça, e desde 2000 é dirigida pelo egípcio Dr. Hassan Moustafa, considerado o principal responsável pela grande evolução da modalidade. Ele promoveu mudanças constantes nas regras do jogo, que, consequentemente, tornou-se mais ágil e possibilitou a marcação de mais gols, aumentando sua atratividade, bem como fez importantes alterações na estrutura administrativa. Atualmente, o handebol é praticado em 209 países, com marcante presença na TV, além de oferecer grandes possibilidades de ações de *marketing*.

Essa instituição estabeleceu três formas oficiais de praticar a modalidade, nomeadamente, o handebol *indoor*, o handebol de praia e o handebol em cadeira de rodas (HCR). A instituição é responsável pela organização dos principais torneios internacionais de handebol. Desde sua fundação, oportunizou a filiação de distintos países, bem como facilitou e dirigiu a criação das confederações continentais: African Handball Confederation (CAHB), Asian Handball Federation (AHF), European Handball Federation (EHF), North America and Caribbean Handball Federation (NACHC), Oceania Continental Handball Federation (OCHF) e South and Central America Handball Confederation (SCAHC).

Outra função da IHF é organizar e promover os campeonatos mundiais de handebol *indoor* nas categorias juvenil, júnior e adulta (masculino e feminino), os quais são realizados a cada dois anos. Ela também tem promovido campeonatos de handebol de praia nas mesmas categorias e, mais recentemente, em 2021, estruturou e estabeleceu as normas oficiais para a prática do HCR – que serão abordadas na sequência deste livro. A organização também promove um campeonato mundial de clubes, o IHF Super Globe, e um campeonato mundial na categoria adulta (masculino), o IHF Emerging Nations Championship, que conta com a participação dos países nos quais a modalidade ainda está em processo de estruturação formal.

A IHF também promove programas voltados a auxiliar o desenvolvimento do handebol mundo afora, tais como o Programa Education, que oferece uma variedade de cursos destinados a promover e desenvolver o esporte em todo o mundo; o Forum For The Future of Handball, que reúne os principais oficiais, árbitros e treinadores do mundo para analisar e discutir o futuro crescimento, desenvolvimento e bem-estar do esporte;

e o IHF – Women's Handball Working Group, do qual a brasileira Alexandra do Nascimento é integrante, para discutir aspectos exclusivos à prática do handebol pelas mulheres.

Entre as confederações continentais, merece destaque a EHF, com sede em Viena, na Áustria, responsável pela organização e pela gestão das competições de handebol mais importantes e competitivas do mundo, incluindo os eventos EHF Champions League, com a participação de grandes clubes, como Paris Saint Germain e Barcelona, a EHF Euro. Ainda, a instituição mantém em sua página oficial diversos programas para o desenvolvimento da modalidade nas categorias de formação e para as escolas, também para o handebol de praia e o HCR. A EHF considera tarefa chave fomentar esse esporte e as pessoas envolvidas na sua execução, sejam treinadores, sejam árbitros, sejam gerentes. Nesse sentido, o órgão promove uma série de programas para a formação de jovens treinadores, inclusive um curso de graduação na área de Gestão Esportiva – Handebol em conjunto com a Universidade de Colônia, na Alemanha.

A CBHb é filiada na SCAHC, a qual é presidida pelo chileno Sr. Marcel Mancilla Bravo e conta com 19 países filiados. Foi criada em 14 de janeiro de 2018, durante a reunião do Conselho da IHF, pois a extinta Federação Pan-Americana de Handebol (PATHF) tinha sido suspensa em função do fraco desempenho relativo ao desenvolvimento do handebol *indoor* e do handebol de praia nos países da América do Norte, da América Central e do Caribe.

Embora ainda recente, a SCAHC tem implementado diversos cursos de formação de treinadores para os membros associados e fomentado competições continentais nas categorias juvenil, júnior e adulta (masculino e feminino), tanto para o handebol *indoor* quanto para o handebol de praia, além de promover e gerenciar, todos os anos, a realização do Campeonato Sul-Centro Americano de Clubes (masculino e feminino), cujo vencedor se classifica para disputar o mundial de clubes. Ainda, a instituição integrou ao calendário de competições oficiais os Jogos Bolivarianos, que reúnem, a cada quatro anos, os países que se tornaram independentes pelas ações de Simón Bolívar, a saber: Bolívia, Colômbia, Equador, Panamá, Peru e Venezuela, e nações convidadas, como Chile, Guatemala, República Dominicana, Paraguai e El Salvador.

Nesse cenário, apesar das particularidades de cada federação continental, o órgão máximo diretivo da modalidade é a IHF, que determina as diretrizes para o desenvolvimento da modalidade e regulamenta as competições.

1.5 Evolução das regras do jogo

O handebol de forma oficial, ou seja, com uma regulamentação única para a prática em nível mundial, existe há 75 anos, considerando o primeiro documento formal das regras do jogo instituído em 1947 pela IHF. No entanto, existem documentos prévios referentes a jogos precursores do atual handebol, os quais apresentavam regras específicas utilizadas variadamente em cada país. Foi somente a partir de 1947, durante o primeiro Curso Internacional de Árbitros, em Velje, Dinamarca, que o esporte estabeleceu os princípios que marcaram a essência de seu conteúdo e sua filosofia de jogo (Román Seco, 2015).

Nesse período, foram estruturados, no regulamento da modalidade, os principais aspectos e princípios relativos aos conteúdos das atuais regras 6, 7 e 8[2], verdadeiros pilares para o desenvolvimento da modalidade. Com o início promissor, o regulamento pouco foi alterado durante o século XX. Assim, as primeiras modificações surgiram em 1964, mediante a aprovação das medidas do campo de jogo (38-44 × 18-22 m), bem como da norma de execução do tiro livre sem a necessidade de prévia autorização

---

[2] Os conteúdos das regras 6, 7 e 8 estão, respectivamente, relacionados à área de gol, à manipulação da bola e ao jogo passivo, e a faltas e atitudes antidesportivas (IHF, 2022c).

do árbitro, a fim de proporcionar um jogo mais ágil e contínuo. Já em 1966, foi aprovado o 2º árbitro em caráter experimental, e no Congresso de Amsterdã, em 1968, a dupla de arbitragem pôde ser definitivamente estabelecida (Román Seco, 2019).

Além disso, nesses período, havia o acordo de que as alterações nas regras e as possíveis modificações e interpretações seriam sempre implementadas, caso aprovadas, a cada quatro anos, coincidindo com o início dos ciclos olímpicos (IHF, 2021c). Esse acordo, posteriormente ratificado, segundo Román Seco (2013), demarcou uma linha de ação lenta e inflexível referente à tomada de decisões sobre as alterações das regras, com repercussões negativas que atualmente se mantêm, salvo raras exceções em aspectos não estruturais que em nada influenciam o desenvolvimento do jogo.

Os primeiros passos para a consolidação de estudos regulares sobre as regras do jogo aconteceram em paralelo ao retorno da modalidade no programa oficial dos Jogos Olímpicos de Munique, em 1972. Com o intuito de fortalecer suas estruturas e, consequentemente, estabelecer uma distribuição de tarefas e responsabilidades internas, a IHF criou uma comissão de arbitragem, com o objetivo de estudar, investigar, rever e propor alterações às regras do jogo, como também às áreas relacionadas à arbitragem, a exemplo de cursos para a formação de árbitros internacionais, suas respectivas categorias, acompanhamentos e nomeações para cargos diretivos da própria comissão (Román Seco, 2019).

Apesar da nova estrutura organizacional, as alterações propostas pela comissão de arbitragem não superaram as posições imóveis da modalidade até os Jogos Olímpicos de Barcelona, em 1992. Isso porque tais modificações foram direcionadas para aspectos mais conceituais, ou seja, menos relevantes para impactarem positivamente a evolução do jogo. Román Seco (2019) destacou as principais modificações do regulamento de agosto de 1981 e as propostas feitas após agosto de 1993 como meras formalidades burocráticas que envolviam fatores relacionados:

- às mudanças formais relacionadas às linhas de jogo e às dimensões exatas da quadra;
- ao número de jogadores e sua participação no jogo;
- às alterações na interpretação da lei da vantagem, aplicada aos tiros livres e à distância dos defensores;
- a pequenas variáveis vinculadas aos casos de lançamento de 7 metros;
- a esclarecimentos a respeito das modificações na regra do jogo passivo;
- às interpretações em relação a violações na área de gol;
- a alterações nos conceitos disciplinares e à alternância nos regimes das sanções disciplinares (advertência, repreensão, dois minutos, cinco minutos, expulsão, desqualificação direta, entre outros);
- às gestoformas dos árbitros;
- ao regulamento da área de substituição;
- a esclarecimentos acerca das questões relativas a controle de tempo (*time-out*, sinalização) e, em geral, a aspectos extrínsecos ao jogo.

Por outro lado, nesse mesmo período, distintas iniciativas foram observadas entre as federações dos países europeus, que sugeriram alterações nas competições (diferentes categorias) com a intenção de beneficiar o jogo, conforme mencionado por Román Seco (2013; 2015; 2019):

- Na extinta União Soviética (URSS), propôs-se um tempo máximo de posse de bola por ataque, pois a interpretação do jogo passivo era muito subjetiva e restrita ao encargo da dupla de arbitragem. Essa iniciativa acarretou resultados espetaculares internamente, principalmente na melhora do jogo rápido dos soviéticos a partir de 1987. Mais tarde, as federações alemã e suíça reproduziram tal experiência em seus países.

- Em um torneio realizado em Barcelona, em 1986, uma reunião de especialistas propôs as seguintes alterações: o tiro de saída seria realizado da área de gol pelo goleiro; os atacantes poderiam permanecer na área de tiro livre durante a sua execução; não se permitiria mais passar a bola para a meia quadra defensiva após a equipe atacante ter a posse na meia quadra ofensiva; além da possibilidade de cada equipe solicitar um tempo técnico (*time-out*) a cada período do jogo.

- A Real Federação Espanhola de Handebol, na temporada esportiva 93/94 da Liga Asobal, aceitou as alterações referentes ao tempo cronometrado nos últimos cinco minutos e à permissão de *time-out* aos treinadores. Dessa experiência, o professor Juan de Dios Román Seco (*in memoriam*) realizou uma investigação em relação à regra dos últimos 5 minutos cronometrados (jogo real), em que analisou 300 jogos (140 com a referida regra e 160 com o regulamento oficial). Ele concluiu que ocorreu um aumento de 1,7 gols no jogo; ainda, não foram percebidas diferenças de ordem disciplinar, e a duração das partidas sofreu um acréscimo de 1'38", período ao longo do qual até nove gols chegavam a ser marcados. Logo, as alterações revelaram ter exercido uma clara contribuição em relação aos aspectos emocionais no desenvolvimento da partida.

- A Federação Polonesa, nas temporadas 91/92 e 92/93, experimentou esta regra no segundo período de jogo: o tiro de saída poderia ser feito pelo goleiro dentro da área de gol. Constatou-se uma redução de 60% no tempo de jogo em comparação com as regras até então em vigor.

Mesmo com as experiências positivas, nenhuma das iniciativas sensibilizou à IHF, que manteve uma postura conservadora. Entretanto, durante os Jogos Olímpicos de Barcelona, vários questionamentos foram feitos sobre a cobertura televisiva da modalidade: *"Con las virtudes del balonmano – se preguntan los medios de comunicación – ¿cuáles son las razones para que este deporte no tenga um mejor tratamento y comprensión por los medios y TV?"*[3] (Román Seco, 2019, p. 13, grifo do original). Consequentemente, o presidente da IHF, Sr. Erwin Lang, obrigatoriamente, declarou suas preocupações com o futuro da modalidade (Lang, citado por Román Seco, 2019, p. 14, grifo do original):

desarrollar el profesionalismo en el seno del balonmano es una evolución decisiva para este deporte. Ello pasa necesariamente por una expansión a través de los canales de televisión. El balonmano debe luchar por estos espacios con sus oponentes directos, es decir el baloncesto y el voleibol. [...][4]

Para que en el horizonte del año 2000 esté entre las primeras disciplinas deportivas, es necesaria una comercialización más profesional del Balonmano y una adaptación de sus competiciones a las exigencias de los medios de comunicación.[5]

Em janeiro de 1993, foram dados os primeiros passos para a realização de estudos mais pontuais em relação a alterações nas regras da modalidade. Para tanto, a IHF organizou uma comissão de propostas para modificações das regras do jogo, com a participação da Comissão de Treinadores e de especialistas da modalidade, em conjunto com a Comissão de Árbitros (CAR/IHF) constituída pelo Sr. Eric Elias (da Suécia, Presidente da Comissão de Árbitros), Willi Hackl (da Alemanha, representante dos árbitros),

---

[3] Com as virtudes do handebol – pergunta-se aos meios de comunicação – quais as razões pelas quais este esporte não tem melhor tratamento e compreensão por parte das meios de comunicação e da televisão?

[4] Desenvolver o profissionalismo no handebol é um passo decisivo para este esporte. Isto passa necessariamente pela expansão de cobertura pelos canais de televisão. O handebol deve brigar pelos espaços com seus adversários diretos, ou seja, o basquete e o vôlei.

[5] Para que esteja entre as principais modalidades desportivas no horizonte do ano 2000, é necessária uma comercialização mais profissional do Handebol e uma adaptação das suas competições às exigências dos meios de comunicação.

Dietrich Spatte (da Alemanha) e Juan de Dios Román Seco (da Espanha). Mais tarde, juntou-se o alemão Manfred Prause, membro da Comissão de Árbitros da EHF (CAR/EHF) e representante da Europa.

Inicialmente, foram propostas algumas linhas de reflexão relacionadas a obter a máxima continuidade no jogo por meio de alterações que proporcionassem à modalidade ser um espetáculo permanente e atrativo aos espectadores. Outras iniciativas foram: propiciar um melhor aproveitamento dos espaços, até mesmo modificando as linhas da quadra; diligências voltadas a sanções disciplinares, com o intuito de evitar o jogo violento; propostas com impacto na melhoria técnica dos jogadores, a exemplo de novas possibilidades de manipular a bola e referentes ao ciclo de passos; planos relativos à direção do jogo, para facilitar a qualidade e a conduta dos treinadores.

A partir das discussões implementadas, a comissão elaborou, durante o Simpósio para Treinadores e Árbitros realizado no Egito, em 1995, um primeiro esboço global sob o título "Novidades e inovações no handebol". O documento foi criado mediante um quórum aceitável reunido em torno de uma proposta geral e, posteriormente, foi apresentado e aprovado durante o Congresso da IHF, em 1996. Assim, as alterações sugeridas foram levadas a cabo ao longo do ciclo olímpico 1996/2000 e, especificamente, algumas mudanças foram implementadas na temporada 1996/1997 (Román Seco, 2019).

Com esse novo panorama, promoveram-se alguns ajustes, como segue:

- quanto ao local do tiro livre em função da substituição ilegal;
- permissão para se jogar sobre a bola que estiver rolando;
- padronização do gesto de aviso de jogo passivo;

- esclarecimentos a respeito de faltas de ataque e ajustes em relação à desclassificação direta;
- permissão para parar o tempo de jogo na sinalização de tiro de 7 metros.

Entretanto, as alterações de maior impacto diziam respeito à implementação de um *time-out* por período de jogo para cada equipe e à maior liberdade de atuação dos treinadores durante a equipe, além da permissão para a realização do tiro de saída sem a necessidade de os jogadores da equipe adversária estarem no campo defensivo (Román Seco, 2019).

Tais modificações acarretaram efeitos imediatos, sendo que nos Campeonatos Mundiais (naipe masculino) no Japão, em 1997, e no Egito, em 1999, percebeu-se uma maior velocidade nas ações da modalidade ao longo das partidas. Inclusive, neste último, observou-se uma excelente adaptação das equipes à influência das novas regras no desenvolvimento do handebol, principalmente as referentes ao tiro de saída e à pressão defensiva exercida pelas equipes para gerar o aviso de jogo passivo (Román Seco, 2007).

Esses resultados positivos foram primordiais para a manutenção do trabalho coordenado entre as comissões de treinadores e árbitros. Não à toa, não tardou para que novas mudanças passassem a compor as regras para a entrada do novo milênio. Contudo, ao longo do Congresso da IHF que ocorreu em Lisboa, em 2000, a comissão deixou de funcionar, e a responsabilidade pelas novas propostas seguiu competindo à CAR/IHF.

Assim, em novembro de 2000, o Conselho da IHF, por proposta do CAR/IHF, aprovou cerca de 20 alterações para vigorar obrigatoriamente a partir de 1º de agosto de 2001, mas algumas delas correspondiam meramente a ajustes de redação, no sentido de fortalecer e aprimorar as experiências aprovadas em 1997, mediante inúmeros esclarecimentos fundamentais para os resultados positivos em termos de agilidade do jogo. Consequentemente, a CAR/IHF compreendeu a necessidade de seguir esse caminho e se aprofundou na incorporação de novas mudanças a serem implementadas em 2005, cujas alterações substanciais foram:

- as violações da área de gol pelos atacantes seriam punidas com tiro de meta (manter um jogo contínuo e maior velocidade);
- a obrigação de ordenar a interrupção de tempo nos tiros de 7 metros foi abolida (critério dos árbitros);
- a desclassificação no final do tempo de jogo (últimos momentos) deve ser registrada em súmula, para fins de posterior sanção pela federação competente;
- a falta de pé (uso do joelho para baixo) para interceptar a bola deve receber uma sanção progressiva;
- a permissão de usar 14 jogadores por jogo se tornou oficial para todas as competições.

As mudanças nas regras do handebol foram cruciais para a aceitação e a consolidação do esporte no cenário mundial, o que vem, inclusive, aumentando gradativamente, de acordo com dados oferecidos pelo Comitê Olímpico Internacional (COI), pela IHF e pelas federações continentais. Além disso, houve um relativo aumento de audiência televisiva nos grandes eventos esportivos, pois a modalidade passou a ser mais atrativa, sendo um verdadeiro espetáculo oferecido aos torcedores.

Tudo isso gerou modificações qualitativas no comportamento dos treinadores – tanto nos treinos com jogadores em formação quanto nas práticas com jogadores de elite –, bem como na interpretação da CAR/IHF sobre a necessidade de promover atualizações permanentes no modo de compreender o jogo. Inclusive, a IHF mantém o The IHF Forum For The Future of Handball, evento que reúne gestores, árbitros e treinadores de todo o mundo para analisar e discutir o crescimento, o desenvolvimento e o bem-estar da modalidade, assim como projetar conceitos, estratégias e soluções inovadoras que garantam um futuro brilhante e próspero para o handebol.

ⅠⅠⅠ *Síntese*

Neste capítulo, apresentamos as origens do handebol, esporte que surgiu na Europa, sendo jogado em campo aberto com 11 jogadores. Posteriormente, foi adaptado às quadras com sete jogadores, devido aos rigorosos invernos. Rapidamente, a modalidade se disseminou pelo mundo, tornando-se olímpica em 1936, nos Jogos de Berlim. Em 1947, ocorreu a fundação da International Handball Federation (IHF), atual órgão máximo mundial da administração e organização desse esporte.

No Brasil, a prática da modalidade teve início em 1930, nos estados do Sul e do Sudeste, com a chegada de imigrantes alemães fugitivos da Primeira Guerra Mundial. O Estado de São Paulo foi pioneiro no desenvolvimento do esporte, com a criação da Federação Paulista de Handebol, em 1940, e da Confederação Brasileira de Handebol (CBHb), em 1979, que hoje em dia tem sede em Aracaju, capital do Sergipe.

Em 1958, a seleção brasileira participou pela primeira vez do Campeonato Mundial de Handebol *Indoor*, na Alemanha. A seguir, o naipe masculino competiu nas olimpíadas de Barcelona, em 1992, e Atlanta, em 1996. Já a seleção feminina esteve nos Jogos Olímpicos de Sydney, em 2000. Em Atenas, em 2004, tanto a seleção feminina quanto a masculina competiram.

Com o passar dos anos, o handebol se popularizou no Brasil, sendo amplamente praticado em escolas e clubes por pessoas de diversas classes sociais. Atualmente, existem várias equipes profissionais praticantes dessa modalidade em competições como a Liga Nacional de Handebol. Nos últimos anos, o handebol brasileiro ascendeu no contexto mundial, em função da contratação de treinadores estrangeiros e da ida de inúmeros jogadores e jogadoras brasileiros para clubes europeus.

ⅠⅠⅠ *Atividades de autoavaliação*

1. Com quantos jogadores o handebol de campo era praticado?
   a) 9.
   b) 10.
   c) 11.
   d) 12.
   e) 13.

2. Em que ano o handebol surgiu no Brasil? Onde era praticado?
   a) Em 1920, nos estados do Sul e do Norte.
   b) Em 1925, nos estados do Sul e do Nordeste.
   c) Em 1930, nos estados do Sul e do Sudeste.
   d) Em 1935, nos estados do Norte e do Sudeste.
   e) Em 1940, nos estados do Norte e do Nordeste.

3. Qual Estado foi pioneiro no desenvolvimento do handebol no país?
   a) Pernambuco.
   b) Santa Catarina.
   c) Bahia.
   d) São Paulo.
   e) Paraná.

4. Em qual cidade-sede dos Jogos Olímpicos o Brasil participou pela primeira vez com uma equipe de handebol?
   a) Barcelona.
   b) Atlanta.
   c) Tóquio.
   d) Sydney.
   e) Rio de Janeiro.

5. Em qual cidade-sede dos Jogos Olímpicos o Brasil participou com as seleções masculina e feminina de handebol pela primeira vez?

a) Atlanta.

b) Sydney.

c) Atenas.

d) Barcelona.

e) Rio de Janeiro.

Atividades de aprendizagem

Questões para reflexão

1. Reflita sobre os principais aspectos que podem ter contribuído para a ascensão da prática *indoor* e a gradativa extinção da prática de campo, relacionando-os aos fatos históricos do período.

2. Como a prática dessa modalidade pode ser implementada para o desenvolvimento dos indivíduos em relação aos aspectos intelectual, motor e moral.

Atividades aplicadas: prática

1. Elabore uma linha do tempo sobre o handebol, contendo os principais fatos que proporcionaram o crescimento, a regulamentação e o desenvolvimento da modalidade.

2. Faça uma síntese das principais alterações das regras que impulsionaram o desenvolvimento desse esporte, por conta das quais ele se tornou mais atrativo para transmissões televisivas.

3. Pesquise informações sobre as principais competições de handebol no mundo e os aspectos financeiros atrelados a equipes e jogadores e elabore um *quiz* com dez questões sobre as informações encontradas.

Capítulo 2

Introdução ao handebol

José Carlos Mendes

Neste capítulo, discutiremos de forma mais específica as características, a estrutura funcional e as fases do jogo de handebol e explicaremos como ele é classificado no contexto dos Jogos Esportivos Coletivos (JECs). Trataremos das práticas oficiais da modalidade (*indoor*, handebol de praia e handebol em cadeira de rodas – HCR) da International Handball Federation (IHF), apresentaremos os aspectos mais atraentes de suas práticas e abordaremos as atuais regras do handebol praticado em quadra.

2.1 Características do jogo de handebol

O esporte sofreu distintas tentativas de classificação das modalidades esportivas na expectativa de agrupá-las com o propósito de identificar seus elementos universais e o entendimento de suas lógicas internas, as quais são categorizadas por diversos critérios que se referem a aspectos estruturais e/ou dinâmicos (Quadro 2.1).

Quadro 2.1 Classificação dos esportes segundo diferentes autores citados por Hernández Moreno

Autores	Classificação
Fitts (1965)	Níveis de acordo com o grau de participação do corpo e as influências externas.
Bouret (1968)	Combates; com bola; atléticos e ginásticos; na natureza; mecânicos.
Durand (1969)	Individuais; coletivos; combate; na natureza.
Tessie (1971)	Domínio dos deslocamentos; domínio do próprio corpo; domínio dos objetos; conhecimento do oponente.
Mativeiev (1975)	Acíclicos; aeróbios; coletivos; combate ou luta; complexos.
Knapp (1979)	Habilidades abertas; habilidades fechadas.
Parlebás (1981)	Psicomotores e sociomotores (cooperação; oposição; cooperação/oposição).

Fonte: Rose Junior; Tricoli, 2005, p. 2.

Nesse cenário, pela ótica da praxiologia motriz, Parlebas (2008) estabeleceu uma classificação do esporte (incluindo jogos e modalidades esportivas) a partir da situação motora[1], entendida como uma série de elementos objetivos e subjetivos que

---

[1] Parlebas (2008) considera a situação motora um sistema de interação global que envolve o praticante, o ambiente no qual a atividade é realizada e a eventual participação de outras pessoas, ou seja, a ação do indivíduo é analisada a partir de um contexto, e não da execução do movimento tomado isoladamente.

caracterizam uma ação motora de um ou mais indivíduos ao executarem uma tarefa motora em determinado ambiente. Assim, o autor classificou os esportes em dois distintos grupos de modalidades esportivas: psicomotoras e sociomotoras (cooperação, oposição e cooperação).

A partir dos pressupostos de Parlebas (1981), Hernández Moreno et al. (2001) consideraram prudente acrescentar os conceitos de uso de espaço (separado/comum) e forma de participação (simultânea/alternativa) dos indivíduos nas modalidades esportivas sociomotoras (Quadro 2.2). Assim, o handebol foi enquadrado na modalidade esportiva de oposição/cooperação, em que as ações de um jogador ocorrem sempre ante uma oposição direta dos jogadores adversários, podendo ou não recorrer ao auxílio dos integrantes de sua equipe para se sair bem diante dos diferentes cenários impostos pelo jogo. Portanto, "o ímpeto significativo da oposição/cooperação ocorre simultaneamente e em situações pouco previsíveis" (Hernández Moreno et al., 2001, tradução nossa).

Quadro 2.2 Classificação dos esportes segundo Hernández Moreno

Tipo de esporte	Espaço	Participação	Exemplos
Oposição	Separado	Alternativa	Tênis individual; badminton.
	Comum	Simultânea	Lutas (judô e karatê).
	Comum	Alternativa	Squash.
Cooperação	Separado	Simultânea	Revezamentos no atletismo; natação.
	Comum	Alternativa	Patinação artística; ginástica rítmica.
Oposição e cooperação	Separado	Alternativa	Voleibol; tênis; badminton em duplas.
	Comum	Simultânea	Basquetebol; handebol; futebol; futsal.
	Comum	Alternativa	Squash em duplas.

Fonte: Rose Junior; Tricoli, 2005, p. 3.

Tais características incluem o handebol no rol dos Jogos Esportivos Coletivos (JECs), sendo considerado um jogo de invasão com disputa direta pela bola, a qual está em constante circulação entre os jogadores, sendo que estes se utilizam de fontes energéticas mistas, com predominância dos sistemas anaeróbio lático e aeróbio de produção de energia. Os JECs, em geral, são caracterizados por uma estrutura formal constituída de: (i) campo de jogo; (ii) bola; (iii) regras; (iv) pontos/gols; (v) colegas; (vi) adversários, e uma estrutura funcional com: (i) relação tático-técnica; (ii) relação ataque/defesa; e (iii) relação oposição/cooperação.

O handebol apresenta uma estrutura formal com elementos próprios que o diferenciam no contexto dos JECs em relação a outras modalidades esportivas, pois, embora o jogo também ocorra em um espaço retangular (40 x 20 m), as áreas da quadra estruturam sua prática, e os jogadores (no máximo, sete por equipe simultaneamente) devem ocupar seus espaços de acordo com as regras. Ainda, o tamanho da bola é menor (entre 54 e 60 cm de diâmetro) em relação a outras modalidades, a fim de permitir sua manipulação com somente uma mão durante a luta pela sua posse e a construção de todas as situações de jogo. Os alvos são duas traves com dimensões de três metros de largura por dois metros de altura, colocadas em cada linha de fundo da quadra dentro de uma área restritiva de seis metros, a qual só pode ser ocupada pelo goleiro. O tempo de jogo é de 60 minutos divididos em dois períodos de 30 minutos, com um intervalo de descanso de dez minutos, além das interrupções temporais regulamentares de um minuto por cada equipe. As regras do jogo conferem ao handebol um caráter inequívoco e determinam as normas de comportamento dos jogadores, porém não os limitam nas formas de realizar diversas ações ao longo de uma partida.

Em relação à estrutura funcional, em um jogo de handebol é possível visualizar os jogadores em constantes lutas e duelos pela posse da bola e pelo controle e uso dos espaços livres, sempre diante de uma pressão constante de tempo produzido pela lógica interna do própria da modalidade. Nas questões relacionadas ao espaço, a ideia de impedir as finalizações próximo à área do goleiro provoca uma estreita relação de confronto corporal entre os jogadores de ambas as equipes e demanda uma grande exigência de comunicação entre os companheiros. No que se refere ao tempo, a maioria das ações ocorre em uma constante "pressão temporal", exigindo que a decisão de cada ação seja realizada em determinado momento. Portanto, as fases da tarefa motriz (percepção, decisão e execução) devem ser realizadas em um tempo muito curto, em função da pressão dos adversários.

Além dessas características, é necessário acrescentar outros aspectos, tais como:

- **As ações de jogo**: São definidas como as técnicas ou os modelos de execução dos movimentos considerados essenciais, pois definem a operatividade do jogador na resolução das situações propostas pelo jogo.

- **A comunicação motriz**: Trata-se da relação entre os jogadores por meio da qual é possível prever a ação de um jogador e corresponder corretamente a ela sem a necessidade de comunicação verbal.

- **A ação motriz incluída na tática**: Refere-se às ações de um jogador a partir de uma série de funções e decisões próprias do jogo, adequadas à estratégia predeterminada pela equipe considerando as diversas situações ofensivas e defensivas (López Graña, 2008).

Nesse contexto, vale ressaltar que as fases perceptivas e de tomada de decisões são tão importantes quanto as etapas de execuções. Isto é, as tarefas motrizes específicas no handebol devem ser entendidas como ações tático-técnicas. Isso porque a modalidade é caracterizada, conforme a Teoria dos Programas Gerais, proposta por Schmidt e Wrisberg (2001), como um esporte predominantemente aberto, no qual as capacidades técnicas e táticas implicam a necessidade de se adaptar às ações motoras dos diferentes elementos presentes no jogo.

Esses comportamentos são dirigidos pelo jogador por meio de seu pensamento operativo, diante da necessidade de perceber e tratar as informações ou os sinais tanto exteriores (exteroceptivos) como internos (proprioceptivos), processá-los em seu cérebro e elaborar suas decisões e intenções de movimento, dando respostas efetivas e válidas às distintas situações que o jogo proporciona. De modo geral, em uma partida de handebol, tanto os comportamentos dos jogadores como das equipes obedecem aos princípios dos sistemas complexos, ou seja, trata-se de uma prática competitiva de "organização complexa, não linear, dinâmica e auto-organizada" (Coronado, 2018, p. 231). Além disso, o jogo deve apresentar uma funcionalidade geral, constante, norteada por princípios e regras coordenadas das ações dos jogadores, bem como uma funcionalidade especial, variável, que pode ser colocada em prática em cada jogo em função das características dos adversários ou de outras condições (Teodorescu, 2003).

2.2 Handebol *indoor*

O handebol *indoor* é um jogo que envolve o confronto de duas equipes, ambas com sete jogadores, dos quais um deve ser o goleiro. A disputa ocorre em uma quadra retangular de 40 × 20 metros, com gols nas duas extremidades posicionados em áreas delimitadas (área de gol) por uma linha localizada a seis metros da linha de fundo, grosseiramente curva. Nessas áreas, somente os goleiros podem atuar. Ao longo da partida, permite-se aos jogadores segurar a bola por até três segundos, mover-se com ela nas mãos dando, no máximo, três passos, ou driblá-la até ser parado por alguma circunstância do jogo. Em oposição, o defensor pode tentar roubar a posse de bola e/ou impedir que o adversário avance em direção ao gol ou arremesse a bola em gol, desde que não agarre, empurre ou coloque em perigo a integridade física do atacante.

Basicamente, o jogo se desenvolve em quatro fases: ataque, retorno defensivo, defesa e contra-ataque (Figura 2.1). Na prática competitiva de alto nível, é muito comum que as equipes utilizem jogadores especialistas em cada etapa (defesa e ataque).

Figura 2.1 Fases do handebol *indoor*

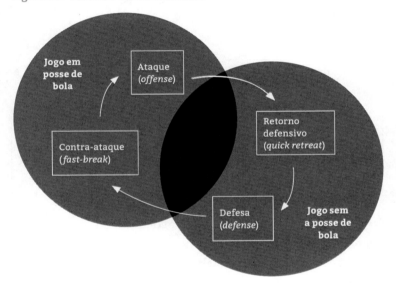

Fonte: Hapková; Estriga; Rot, 2019, p. 14, tradução nossa.

No ataque, os jogadores geralmente ocupam dois grupos posicionais: os jogadores de primeira linha ofensiva se posicionam na zona espacial compreendida entre a linha central e a linha de tiro livre (tracejada de nove metros); os jogadores de segunda linha ofensiva se posicionam a zona espacial compreendida entre a linha de tiro livre e a área de gol.

Entre os jogadores de segunda linha ofensiva, há o pivô (E), que atua entre os defensores, bem próximo à área de gol, e dois outros denominados *pontas* (D, F) direita e esquerda, que atuam próximos às linhas laterais da quadra. Por sua vez, entre os jogadores de primeira linha ofensiva, há o armador central (B), que atua na região central da quadra, e dois armadores laterais direito e esquerdo (A, C), mais próximos às linhas laterais da quadra (Figura 2.2).

Figura 2.2 Distribuição dos jogadores no sistema ofensivo 3:3 no handebol *indoor*

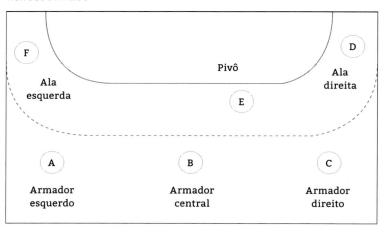

No caso do handebol, há uma particularidade em relação à denominação e aos jogadores que ocupam postos específicos. Isso porque, a fim de obter uma melhor angulação para realizar arremessos ao gol, os jogadores denominados *ponta/armador* direito, preferencialmente, devem ser canhotos, ou seja, manipular a bola com a mão esquerda. Da mesma forma, os pontas/armadores esquerdos, preferencialmente, devem ser destros, isto é, manipular a bola com a mão direita. A formação ofensiva (Figura 2.2) considerada 3:3 é a mais comum no ataque das equipes, mas não é a única – outras formações serão abordadas no Capítulo 5.

Por seu turno, na defesa, as equipes podem adotar diversas alternativas para restringir as possibilidades de gols do adversário: as defesas por marcação individual, em sistema ou marcação por zona e mista (combinação entre defesa individual e defesa em sistema) – as quais também serão abordadas no decorrer deste livro. Inicialmente, para simplificar a compreensão do posicionamento defensivo e a respectiva denominação dos jogadores e de seus posicionamentos, observe a Figura 2.3, a seguir, que apresenta um exemplo de defesa em sistema 6:0, em que todos os defensores ocupam a primeira linha defensiva (linha da área de gol) e têm três funções distintas: defensores externos (1), meio defensores (2) e defensores centrais (3).

Figura 2.3 Distribuição dos jogadores no sistema defensivo 6:0 no handebol *indoor*

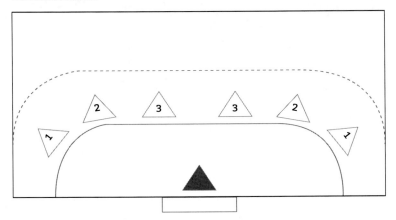

Em princípio, o jogo se desenvolve com objetivos antagônicos: uma equipe procura o gol, e a outra tenta recuperar a bola. Para tanto, as responsabilidades e os deveres dos defensores variam de acordo com o momento: por exemplo, evitar condições ideais de arremessos da zona central do ataque, pois os percentuais de arremessos eficazes dessa região são elevados (Figura 2.4). Caso a defesa recupere a posse da bola, os jogadores deverão rápida e diretamente se mover, em alta velocidade, em direção à área de gol da equipe adversária, a fim de aproveitar possíveis situações de superioridade numérica e condições de finalização sem a pressão do defensor, tendo somente o goleiro à frente.

Figura 2.4 Concentração de defensores na zona de arremesso, criando dificuldades para a concretização do gol

Essa situação ocorre em função da possível demora dos adversários para organizar o sistema defensivo proposto (Figura 2.5), pois os atacantes atuam na região ofensiva, isto é, distantes de seu posto defensivo. Outro cenário, muito comum nas partidas, diz respeito às equipes utilizarem jogadores especialistas para o ataque e para a defesa.

Figura 2.5 Lance de contra-ataque com vários espaços na zona defensiva para finalização sem pressão do defensor

Tais situações são muito exploradas nos jogos de alto nível competitivo, e as mudanças nas regras têm contribuído para que possam ser exploradas mesmo quando a equipe oponente converte as ações ofensivas em gols. Caso isso não ocorra, o jogo no ataque se desenvolve contra a defesa organizada do adversário (Figura 2.6), impondo aos atacantes a necessidade de tomar diferentes ações com o intuito de gerar incertezas para os defensores e desencadear erros de defesa e, com efeito, oportunidades de marcar gol. Imediatamente após perder o controle da bola no ataque, os jogadores devem retornar à sua área de defesa, sempre atentos para recuperar a bola e pressionando os jogadores adversários, reiniciando novamente o ciclo de jogo defensivo.

Figura 2.6 Situação ofensiva contra defesa em sistema (3:3) durante jogo de handebol *indoor*

Eduardo Borges

O handebol é reconhecido com um dos jogos esportivos coletivos mais rápidos que existem, com elevadas exigências coordenativas e físicas, ações técnicas criativas, interação tática e variável, tudo isso aliado a um bom espírito de equipe. Tais características constituem um grande atrativo para o público em diversos países. Consequentemente, o handebol *indoor* se tornou um dos esportes mais populares do mundo, muito por conta de ser um jogo dinâmico e de sua atratividade para os espectadores, além de ser uma modalidade que pode oferecer excelentes oportunidades de aprendizagem por meio de atividades físicas, contribuindo para o desenvolvimento dos praticantes e ajudando-os a liderar de forma plena e ativa.

Todo esse contexto promoveu a expansão da prática do handebol para outros ambientes (por exemplo, o handebol de praia), bem como para portadores de necessidades especiais ou deficiências (como o handebol em cadeira de rodas – HCR). As duas modalidades são reconhecidas como oficiais pela IHF e contam com iniciativas concretas de competições internacionais, as quais são futuras candidatas a fazer parte dos programas oficiais dos Jogos Olímpicos e Paralímpicos.

2.3 Handebol de praia (*beach handball*)

O handebol de praia (*beach handball*) surgiu na Itália, na década de 1990, em Isola di Ponza, desenvolvido pelos italianos Gianni Buttarelli e Franco Schiano, ambos presidentes de clubes. O primeiro campeonato da modalidade foi realizado em 22 de julho de 1992 e contou com cinco equipes. Nesse mesmo ano, Buttarelli e Schiano fundaram o Comitê Organizador de Handebol de Praia (COHP), considerado a primeira entidade federada desse esporte do mundo (Baro, 2017). Em julho de 1996, a IHF publicou as primeiras regras oficiais, sendo seguida pela European Handball Federation (EHF) meses depois, a qual promoveu o 1º Seminário de Experts em Handebol de Praia na cidade de Marsponta, na Itália, de que participaram 15 países (Baro, 2017).

Em 2000, a EHF organizou o primeiro campeonato europeu de handebol de praia, na cidade de Gaeta, na Itália, no qual Ucrânia e Bielorrússia se sagraram campeãs – respectivamente, no feminino e no masculino. Em 2001, durante a edição do World Games, em Akita, no Japão, o handebol de praia foi apresentado em formato de demonstração. O primeiro campeonato mundial de handebol de praia ocorreu somente em 2004, em Cairo, no Egito. Na ocasião, o naipe masculino da casa foi o vencedor, e as russas venceram no feminino. Independentemente das competições, Campeonato Mundial ou World Games, as equipes do Brasil são as maiores campeãs da história da modalidade de praia: ambas são tricampeãs do World Games, a seleção feminina é tricampeã mundial, e a masculina, pentacampeã mundial (IHF, 2019).

O handebol de praia conta com muitas das ações da modalidade *indoor*. No entanto, o jogo se dá em um ritmo mais acelerado e, normalmente, ocorrem gols espetaculares, mas não se permite o contato corporal que existe no jogo de quadra. A ideia central é promover partidas atrativas ao público, premiando a criatividade e o risco das equipes para marcar dois pontos por meio de gols feitos sob certas condições dinâmicas durante o jogo – por exemplo, gol de goleiro.

Ainda, como o jogo é cronometrado em dois períodos de dez minutos e a contagem de gols é independente em cada período – ou seja, em cada tempo, há um vencedor, obrigatoriamente (semelhante a ganhar um *set* no tênis) –, o handebol de praia mantém os espectadores atentos e vibrantes durante toda a partida (Figura 2.7).

Figura 2.7 Posicionamento ofensivo durante um jogo de handebol de praia

Eduardo Borges

Apesar das similaridades, o handebol de praia tem suas próprias regras institucionalizadas, as quais, além de regerem o desenvolvimento do jogo, conferem uma identidade própria e um corpo de conhecimentos necessários para a prática da modalidade.

As diferenças em relação ao *indoor* começam pela quadra. Na praia, o esporte é disputado em uma quadra de areia (Figura 2.8) com formato retangular de 27 × 12 m, compreendendo uma área de jogo e duas áreas de gol de 6 m cada e traves idênticas às do handebol *indoor*. As áreas de substituição para os jogadores de linha ocupam 15 m de comprimento da área de jogo e ficam em cada lateral, fora das áreas de gol. Seu uso é obrigatório por todos os jogadores, exceto pelo goleiro, que deve entrar na quadra a partir da linha lateral referente à área de gol de sua equipe, bem como do lado da área de substituição da equipe. Entretanto, para deixar a quadra de jogo, o goleiro utiliza a mesma linha de substituição dos jogadores de linha, o que proporciona uma grande dinâmica nas trocas entre jogadores especialistas de ataque e defesa.

Figura 2.8 Quadra oficial de handebol de praia

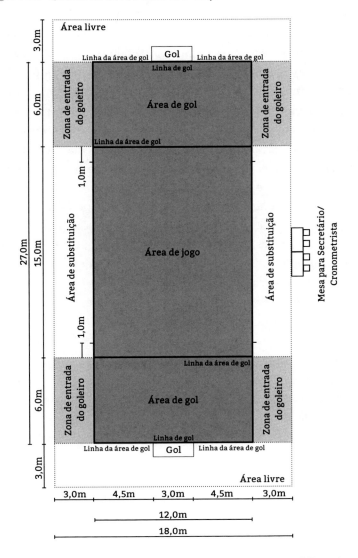

Fonte: IHF, 2021b, p. 6.

Também, as bolas são menores (54 cm no masculino e 52 cm no feminino), feitas de borracha. As equipes são compostas, no máximo, por dez jogadores, sendo necessário o mínimo de seis para iniciar a partida. O mínimo exigido é de quatro jogadores por equipe (três jogadores de campo e um goleiro), os quais podem ser substituídos a qualquer momento, e não há limites restritivos de substituições. O tiro de saída de cada período e prorrogação é realizado com bola ao alto, mas o tiro de saída após o gol é feito pelo goleiro posicionado dentro da área de gol. Consequentemente, existem inúmeras possibilidades de ações de contra-ataque e oportunidades de marcar gols.

Outro aspecto importante: no handebol de praia, há algumas regras específicas, como a atribuição de uma pontuação diferente (dois pontos) para gols considerados "espetaculares" – por exemplo, após um giro de 360° no ar pelo jogador que executa o arremesso (Figura 2.9); gols concretizados com bolas aéreas, em que o jogador deve receber a bola em pleno ar e arremessá-la sem infringir as regras da área de gol.

Durante uma partida, é comum a presença do jogador especialista (que substitui o goleiro quando a equipe está no ataque), já que aos gols convertidos por goleiros também se atribui um ponto extra. Isso significa que, se o goleiro converte um gol após um giro de 360°, sua equipe recebe três pontos, o que altera significativamente o placar e, com efeito, a situação das equipes.

Figura 2.9 O arremesso com de giro de 360° no handebol de praia

Eduardo Borges

O jogador especialista (Figura 2.10) proporciona uma assimetria numérica predominante de superioridade ofensiva, possibilitando a busca por arremessos em situações mais confortáveis, nas quais à frente do atacante se encontram apenas o goleiro, bem como boas chances de marcar gols espetaculares. Porém, isso implica que, em muitos momentos, o gol estará vazio. Logo, o goleiro adversário deve estar atento para arremessar direto (mesmo depois de sofrer um gol) e marcar dois pontos (caso o gol seja convertido).

Figura 2.10 Situação de ataque com equipe utilizando jogadora especialista no lugar do goleiro

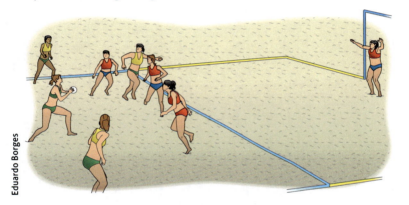

Eduardo Borges

Embora seu início esteja vinculado ao handebol *indoor*, o handebol de praia tem uma identidade própria, baseada em um ciclo de jogo muito diferente. Obviamente, tanto os objetivos quanto as conotações da partida são diferentes. A modalidade praticada na praia não é apenas distinta da *indoor* em função do ambiente do jogo, mas também porque compreende uma disciplina tática particular, a qual precisa ser entendida a partir de uma perspectiva própria que considere seus aspetos normativos

2.4 Handebol em cadeira de rodas

O handebol em cadeira de rodas (HCR) é uma modalidade esportiva adaptada para ser praticada por pessoas com deficiências físicas. Ela se diferencia do handebol *indoor* pelo fato de os jogadores utilizarem uma cadeira de rodas esportiva, a qual é feita sob medida em virtude das características pessoais dos atletas, como o perfil biotipológico e os diferentes tipos de lesões e deficiências. Além disso, o tamanho da trave é menor – 1,70 × 3,00 m (Figura 2.11) –, considerando que o goleiro também usa uma cadeira de rodas para se locomover.

Figura 2.11 **Trave reduzida para o HCR**

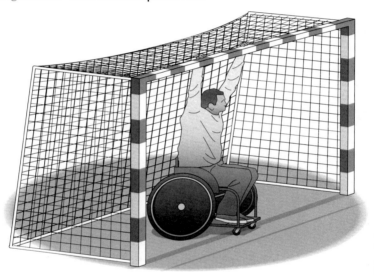

Eduardo Borges

Mesmo sendo impossível mapear cada momento referente à evolução do HCR (Figura 2.12), há relatos consistentes de que a padronização de suas regras, com um específico direcionamento ao cenário competitivo, teria ocorrido no Brasil, em 2005, por iniciativa dos professores Décio Calegari (*in memoriam*), José Irineu Gorla e Ricardo Carminato, que propuseram a primeira sistematização das regras da modalidade durante a Reunião Anual da Sociedade Brasileira para o Progresso da Ciência (Borges et al., 2015).

Nessa primeira sistematização, foram apresentadas duas versões da modalidade: o HCR7, adaptação do handebol de salão convencional para ser praticado com sete jogadores; e o HCR4, adaptação do handebol de praia para ser disputado por quatro jogadores em cadeira de rodas, sendo que essa modalidade também pode ser realizada em quadra (Calegari, 2010a). Entretanto, existem indícios de sua prática que remontam à década de 1990, em Kyoto, e de um jogo de demonstração durante o Simpósio Anual de Treinadores da EHF Leipzig (na Alemanha). Além disso, dados apontam que em 2001 já havia uma competição anual regular de handebol em cadeira de rodas no Japão, e em 2003 teria sido criada a Federação Japonesa de Handebol em Cadeira de Rodas (JWHF), considerada a primeira entidade administrativa do esporte (IHF, 2021c).

Figura 2.12 Jogo de HCR

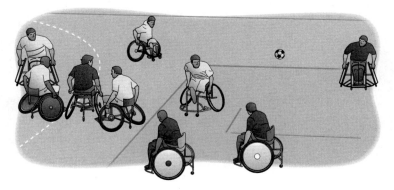

Também merecem destaque os seguintes eventos: em 2008, em Viena, na Áustria, ocorreu o Primeiro Seminário e Torneio de Handebol em Cadeira de Rodas da EHF; em 2009, na cidade de Toledo, no Paraná, aconteceu o 1º Campeonato Brasileiro de Handebol em Cadeira de Rodas, ano em que também foi constituída a Associação Brasileira de Handebol em Cadeira de Rodas (Abrahcar); e em 2010, em Basel, na Suíça, ocorreu o Primeiro Seminário de Handebol em Cadeira de Rodas da IHF.

O Brasil tem grande protagonismo no desenvolvimento dessa modalidade, pois sempre foi palco de competições oficiais. Em 2011, o 2º Campeonato Sul-Americano de Handebol em Cadeira de Rodas foi realizado em Campinas; em 2012, a Copa Libertadores da América ocorreu em Curitiba; e em 2013, entre 21 e 29 de setembro, a mesma cidade promoveu o 1º Campeonato Mundial de Handebol em Cadeira de Rodas (não oficial), com a presença de Argentina, Austrália, Bolívia, Chile e Uruguai (IHF, 2021c).

Mesmo com esses fatos relevantes, os primeiros passos oficiais para o HCR se tornar uma prática competitiva oficial pela IHF ocorreram em 2018, durante a reunião anual da instituição, em Doha, no Catar, pela iniciativa do presidente Dr. Hassan Moustafa. No evento, o Conselho da IHF foi unânime na decisão de concordar em formar um grupo de trabalho para o HCR, cujo presidente nomeado foi o Dr. Frantisek Taborsky, então membro do Comitê Executivo da IHF (IHF, 2021c).

Em fevereiro de 2019, poucos meses após essa decisão, o presidente Moustafa solicitou, por carta, indicações de alguns órgãos da modalidade – como o Comitê Paralímpico Internacional (IPC), a EHF, a Federação Francesa de Handebol (FFHB) e a Associação Japonesa de Handebol (JHA) – e de outros especialistas para integrar o grupo de trabalho. Atualmente, além de seu presidente, a equipe é composta por quatro integrantes de três continentes: Nicole Rabenseifner (da Áustria), Flavio Anderson Pedrosa de Melo (do Brasil), Minoru Kino (do Japão) e Jerzy Eliasz (da Polônia).

A primeira reunião presencial do Grupo de Trabalho de HCR da IHF aconteceu em outubro de 2019, na sede da instituição, na Suíça, onde foram dados os primeiros passos para a formulação oficial das regras da modalidade nas seguintes versões: HCR 6×6, adaptação do handebol *indoor* para a prática em quadra com seis jogadores em cadeira de rodas; o HCR 4×4, adaptação do handebol de praia para a prática em quadra com quatro jogadores em cadeira de rodas.

Além disso, o Comitê Executivo da IHF, em colaboração com o EHF, concordou em organizar o 1º Campeonato Mundial de HCR da IHF, programado para ser realizado em Kristianstad, na Suécia, em novembro de 2020, seguido de um campeonato mundial a ocorrer em dezembro de 2021, à margem do Campeonato Mundial Feminino de 2021 da IHF, na Espanha. Mas a pandemia de Covid-19 mudou o mundo poucos meses depois, e os planos foram alterados, com o cancelamento dos propostos campeonatos mundiais de HCR em 2020 e 2021. Entretanto, a modalidade seguiu em franco processo de desenvolvimento na IHF, com a audaciosa pretensão de se tornar um esporte paralímpico nos Jogos de Los Angeles, em 2028, além do vasto calendário oficial de competições a ser implementado a partir de 2023 (IHF, 2021c).

Em relação à dinâmica do jogo, na versão HCR 6×6, tem-se o confronto de duas equipes com seis jogadores cada, sendo um o goleiro, em uma quadra de handebol *indoor*. A partida é disputada em dois períodos de 20 minutos, com intervalo de dez minutos, com o objetivo de marcar gols e impedir o adversário de fazer gols. Todavia, as equipes podem ser compostas por jogadores de apenas um naipe (masculino/feminino) ou mistas, com o mínimo de 12 e o máximo de 16 jogadores. Nos times mistos, é necessária a presença de três jogadoras, e ao menos uma delas precisa se manter em quadra ao longo de toda a partida (IHF, 2021c).

Na versão 4×4 (Figura 2.13), tem-se o confronto de duas equipes com quatro jogadores cada, sendo um o goleiro, em uma quadra de handebol *indoor*. A partida é realizada em dois *sets* de dez minutos e a pontuação é distinta em cada *set*. Caso seja necessário, as equipes disputam um *set* suplementar (*tiebreak*), com intervalo de cinco minutos. O objetivo é o mesmo: marcar gols e impedir o adversário de fazer gols. Entretanto, essa modalidade apresenta certas particularidades. Por exemplo, não há identificação própria para a posição de goleiro, ou seja, qualquer jogador no campo de jogo pode atuar nessa posição.

Ainda, as equipes podem ser compostas por jogadores de apenas um naipe (masculino/feminino) ou mistas, com um mínimo de oito e um máximo de dez jogadores. Não é possível exceder um total de 12 pontos por equipe, de acordo com as regras e os regulamentos de classificação. No caso das competições de equipes mistas, cada uma deve contar com, ao menos, duas jogadoras, a menos que as regras do torneio em questão indiquem o contrário, e uma jogadora por equipe precisa necessariamente se manter na quadra a todo momento (IHF, 2021d).

Figura 2.13 Lance de arremesso durante partida de HCR

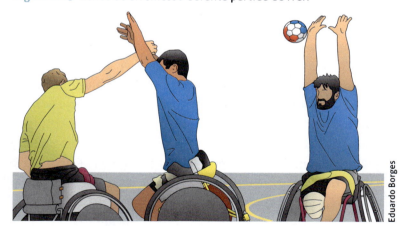

Eduardo Borges

Outro aspecto importante referente à modalidade são as cadeiras de rodas, as quais devem ser construídas adequadamente, para evitar quaisquer riscos aos jogadores, a seus colegas de equipe ou à equipe adversária. As especificações são estas (Figura 2.14):

- não são permitidas cadeiras de rodas eletrônicas;
- uma barra horizontal deve ser colocada na frente da cadeira de rodas (a uma altura de aproximadamente 11 cm do nível do chão). No entanto, é obrigatória a presença de uma asa completa cobrindo as partes frontal e lateral da cadeira, para proteger os jogadores;
- entre um e dois dispositivos antiqueda devem ser fixados à cadeira de rodas;
- a altura máxima do chão ao topo da almofada ou plataforma do assento não pode exceder 63 cm;
- entre cinco e seis rodas (duas rodas grandes atrás, duas à frente e uma ou duas rodas de segurança atrás) – o diâmetro máximo das rodas grandes deve ser de 71 cm (28 polegadas);
- é obrigatório constar um aro de mão em cada roda;
- ambas as rodas de trás (normais) precisam estar totalmente cobertas, e todos os jogadores de uma equipe precisam usar o mesmo *design*;
- caso sejam utilizados raios de fibra de carbono, nenhuma cobertura será necessária;
- acolchoamento da barra na parte de trás do encosto (15 mm);
- se a cadeira de rodas deixar de ser funcional ou não ser mais segura para o jogador, ele deverá deixar o campo para que sejam feitos os devidos reparos (IHF, 2021d).

Figura 2.14 Especificações das dimensões das cadeiras de rodas permitidas para a prática do HCR

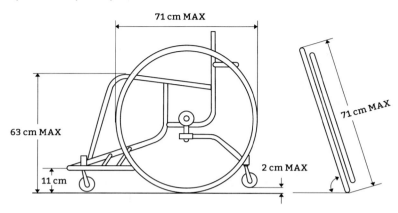

Fonte: IHF, 2021c, p. 6.

Ao longo dos Jogos Paralímpicos de Tóquio, foram acionados audaciosos planos para solicitar a inclusão do esporte nos Jogos Paralímpicos de Los Angeles, em 2028, com particular empenho do presidente da IHF, Dr. Hassan Moustafa:

> Queremos ser incluídos nos Jogos Paralímpicos de LA 2028. É um longo caminho a percorrer, mas estamos trabalhando duro para alcançar esse objetivo. Quero pedir a todas as nossas Federações Nacionais que respondam a altura do objetivo da IHF de criar o handebol em cadeira de rodas em seus países, para que tenhamos o esporte a promover, para poder cumprir os critérios de inclusão no programa Paralímpico de Los Angeles 2028 e cumprir nossos objetivos. (IHF, 2021a, tradução nossa)

Ou seja, a intenção é ativamente implementar, em 25 federações nacionais, a prática oficial do HCR e suas respectivas filiações junto ao IPC para pleitear a inclusão na modalidade em Los Angeles.

Parte desses objetivos já foi alcançada, pois entre 22 e 25 de setembro de 2022, na cidade do Cairo, ocorreu a primeira edição de um campeonato mundial de handebol em cadeira de rodas organizado pela IHF. A versão do HCR 4×4 (mista) foi a protagonista do evento, que contou com a participação de duas equipes europeias (Holanda e Eslovênia), duas da América do Sul (Brasil e Chile) e uma da Ásia (Índia), além do Egito e da África (anfitrião do evento). A equipe brasileira se consagrou como a grande campeã.

2.5 Contextualizando as regras do handebol *indoor*

O handebol, como visto no contexto dos Jogos Esportivos Coletivos (JECs) de invasão, apresenta características similares a outras modalidades esportivas (futebol, basquetebol etc.). Contudo, as regras oficiais lhe atribuem especificidades que as distinguem das demais modalidades. As regras oficiais (IHF, 2022c) definem o handebol *indoor* como um jogo entre duas equipes que se alternam entre as situações de defender e atacar o gol sucessivamente ao longo da partida, em que o resultado pode terminar de três formas: vitória, derrota ou empate, sendo este válido caso a partida não envolva uma eliminatória direta.

O jogo é disputado em uma quadra com formato de retângulo (20 x 40 m) na qual são demarcadas as seguintes linhas (Figura 2.15):

- área de gol (6 m);
- tiro livre (9 m – tracejada);
- de 7 metros;
- de limitação do goleiro nas cobranças de 7 metros (4 m);
- das zonas de substituições;
- central e da área do tiro de saída;
- laterais;
- de fundo.

Na parte central das linhas de fundo, são colocadas balizas (gols) de 2 m de altura e 3 m de largura, firmemente fixadas no solo, confeccionadas em madeira ou metal, compostas por dois postes unidos por uma barra horizontal com 8 cm de seção transversal quadrada, as quais devem ser pintadas nos três lados visíveis da quadra com faixas de duas cores contrastantes. As balizas devem ter uma rede a elas fixada de tal forma que uma bola lançada no gol normalmente permaneça nele.

A partida é disputada com uma bola feita de couro ou de material sintético, de acordo com os regulamentos oficiais, que determinam o tamanho e o peso em relação à faixa etária dos jogadores e à utilização de cola para manuseio ao longo da competição.

Quanto às bolas com a utilização de cola durante a competição:

- **Tamanho III**: Homens acima de 16 anos: 58-60 cm, 425-475 gramas.
- **Tamanho II**: Mulheres acima de 14 anos e homens entre 12 e 16 anos: 54-56 cm, 325-375 gramas.
- **Tamanho I**: Meninos de 8 a 12 anos e meninas de 8 a 14 anos: 50-52 cm, 290-330 gramas.

Em relação às bolas sem a utilização de cola durante a competição:

- **Tamanho III**: Homens acima de 16 anos: 55,5-57,5 cm, 400 a 425 gramas.
- **Tamanho II**: Mulheres acima de 14 anos e homens entre 12 e 16 anos: 51,5-53,5 cm, 300 a 325 gramas.
- **Tamanho I**: Meninos de 8 a 12 anos e meninas de 8 a 14 anos: 49-51 cm, 290 a 315 gramas.

Conforme a regulamentação do esporte, a duração de uma partida para jogadores maiores de 16 anos é de 60 minutos, divididos em dois períodos de 30 minutos, com um intervalo de dez minutos. Entretanto, para jogadores entre 12 e 16 anos, são 50 minutos divididos em dois períodos de 25 minutos, e 8 e 12 anos, a duração é de 40 minutos, com dois períodos de 20 minutos. Caso o jogo demande um vencedor, pode haver um período extra de dez minutos, em dois períodos de cinco minutos, com o máximo de dois períodos extras.

Figura 2.15 Quadra oficial de handebol

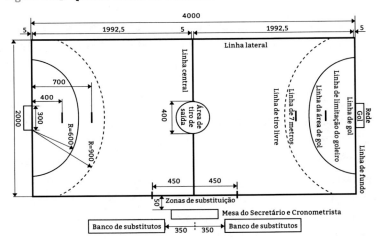

Fonte: CBHb, 2022, p. 8.

Para a disputa de um jogo, as equipes podem utilizar até 14 jogadores[2], sendo que somente sete podem atuar na quadra simultaneamente e um deles deve estar identificado como goleiro, cujas cores do uniforme devem ser diferentes das dos outros jogadores de sua equipe, do adversário e dos árbitros. Uma equipe pode iniciar um jogo com o mínimo de cinco jogadores em quadra, sendo possível complementar o número máximo de jogadores durante o jogo.

Durante o jogo, as equipes podem fazer infinitas substituições, desde que as regras oficiais referentes à área de substituição sejam respeitadas. Ou seja, o jogador reserva somente pode

---

[2] Quanto ao número de jogadores, a IHF, as confederações continentais e as federações nacionais têm o direito de aplicar regulamentos divergentes em suas áreas de responsabilidade. No entanto, não se permite mais de 16 jogadores.

entrar na quadra após a saída do jogador a ser substituído e a partir da zona de substituição da sua meia quadra de defesa. Ainda, é possível substituir o goleiro por outro jogador de linha, com o objetivo de realizar um ataque com sete jogadores (superioridade numérica). Entretanto, apenas o goleiro pode atuar na área de gol, e sua substituição também deve respeitar as regras.

Ao atuar na área de gol, o goleiro pode tocar a bola com qualquer parte do corpo, para evitar de tomar gols, bem como se deslocar pela área de gol em posse de bola sem qualquer restrição em termos do ciclo de passos. Mas ao deixar essa área (sem a bola) para participar como mais um jogador de linha, ele está sujeito às restrições das mesmas regras que se aplicam aos jogadores de linha. Além disso, existem algumas restrições para as ações do goleiro, tais como: não colocar o adversário em perigo em uma tentativa defensiva; sair da área de gol em posse de bola ou tocar a bola que está parada ou rolando no chão fora da área de gol; adentrar a área de gol pela área de jogo com a posse de bola e ultrapassar a linha de limitação do goleiro (linha de 4 m) antes que esta tenha sido arremessada por um adversário executando um tiro de 7 metros.

A área de gol é restrita ao goleiro. Logo, caso o atacante invada a área de gol com ou sem a bola para obter vantagem, automaticamente sua equipe perderá a posse de bola e o time defensor baterá um tiro de meta. Caso o defensor entre na área de gol e obtenha vantagem, um tiro livre será marcado contra a sua equipe. Nessa mesma situação, se o defensor impedir uma clara chance de gol, será marcado um tiro de 7 metros contra seu time.

Ao longo da partida, os jogadores devem manipular a bola com as mãos abertas ou fechadas. Também é permitido tocar a bola com os braços, a cabeça, o tronco, as coxas e os joelhos, e é possível lançar, agarrar, parar, empurrar ou golpear a bola de distintas formas. Porém, em posse de bola, o jogador pode segurá-la pôr, no máximo, três segundos e se deslocar utilizando, no máximo, três passos[3], exceto quando estiver driblando.

Por outro lado, o defensor não tem restrições em relação aos deslocamentos pela área de jogo (exceto na área de gol) e pode retirar a bola dos adversários com a mão aberta, quando estes estiverem nas ações de drible, e fazer contato corporal (usar o tronco para barrar o oponente) para impedir os deslocamentos dos atacantes, estando estes com a posse de bola ou não. Todavia, os defensores não podem retirar ou acertar a bola que está nas mãos do adversário, nem empurrar ou bloquear os atacantes com os braços, as mãos ou as pernas, tampouco usar qualquer parte do corpo para movê-los. Além disso, não podem segurar ou se jogar/atropelar os atacantes. Nesses casos, um tiro livre ou tiro de 7 metros será marcado. Caso a ação do defensor impeça uma clara situação de gol, ele poderá sofrer sanções disciplinares de acordo com as circunstâncias da partida.

Em algumas situações, caso a equipe em posse de bola não realize nenhuma tentativa reconhecível de ataque ou arremesso ao gol e se reconheça uma tendência ao jogo passivo, os árbitros podem sinalizar erguendo um dos braços acima da altura da cabeça, e a equipe em posse de bola deverá mudar a forma de atacar, realizando uma ação de finalização com o máximo de quatro passes, a fim de evitar a perda da posse de bola e a marcação de um tiro livre para a equipe adversária. Os árbitros também podem ordenar um tiro livre contra a equipe com a posse de bola sem nenhum sinal de jogo passivo, por exemplo, quando um jogador intencionalmente evita uma clara chance de marcar um gol.

---

[3] Um passo ocorre quando: (i) um jogador que estiver parado com ambos os pés em contato com o solo levanta um deles e o apoia novamente ou move um pé de um lugar ao outro; (ii) um jogador estiver tocando o solo somente com um pé, agarra a bola e, então, toca o solo com o outro pé; (iii) um jogador que estiver saltando toca o solo somente com um pé e, após, salta novamente sobre o mesmo pé ou toca o solo com o outro pé; e (iv) um jogador que estiver saltando toca o solo com ambos os pés simultaneamente e, depois, levanta um pé e o apoia novamente ou move um pé de um lugar para outro.

As características de luta direta pela posse de bola, os objetivos concretos de a equipe atacante abrir espaços e se posicionar em locais mais adequados para realizar finalizações, bem como as ações de oposição da equipe defensora desencadeiam distintas situações que, consequentemente, impedem que a bola permaneça no jogo o tempo todo. Nesse sentido, há situações nas quais a bola é considerada fora de jogo. Assim, para reiniciar a partida, existem diferentes formas de repor a bola em jogo. Por exemplo, quando ela sai pelas linhas laterais sem que tenha ocorrido qualquer infração às regras, a reposição deve ser feita no local onde a bola saiu da quadra (tiro lateral), sem a necessidade de autorização prévia do árbitro (silvo do apito), mas o jogador executante deve manter um pé em contato com a linha lateral, enquanto os jogadores da equipe adversária devem se encontrar a uma distância mínima de três metros do executante do tiro lateral.

Em situações de finalização ao gol, existem três formas de repor a bola em jogo: (i) um **tiro de meta**, reposição feita pelo goleiro na área de gol sem autorização prévia do árbitro, é cobrado quando: o jogador atacante invade a área de gol no ato do arremesso ou não; o goleiro domina a bola na sua área de gol ou a bola para dentro da área de gol; um jogador adversário toca a bola que está rolando ou parada dentro da área do gol; a bola sai da linha de fundo após ser tocada pelo goleiro ou adversário; (ii) um **tiro lateral**, caso a bola arremessada tenha tocado por último em um dos defensores, exceto o goleiro; (iii) o **tiro de saída**, para as situações em que o arremesso foi convertido em gol e este foi validado pelos árbitros. Nesse caso, a equipe que sofreu o gol deve repor a bola em jogo na área do tiro de saída na parte central da quadra, e o tiro tem que ser executado por um jogador que esteja em posse de bola e, no mínimo, mantendo um pé dentro da área do tiro de saída, após a autorização dos árbitros (silvo do apito).

Além do exposto, há situações nas quais ocorrem infrações às regras do jogo. Independentemente da equipe infratora, a reposição da bola pode ser feita por meio de um **tiro livre** ou **tiro**

de 7 metros. Os árbitros devem determinar o reinício do jogo com um tiro livre quando: (i) a equipe em posse de bola comete uma infração às regras; (ii) os defensores cometem uma violação das regras que cause a perda da bola para a equipe que tinha sua posse; (iii) é preciso reiniciar o jogo em casos de interrupção da partida. Assim que os árbitros apontam a infração às regras, o jogador da equipe infratora, caso esteja com a posse da bola, deve apoiá-la ou soltá-la imediatamente no solo, de maneira que ela possa ser jogada. Ainda, o tiro livre normalmente é executado sem a prévia autorização dos árbitros e, a princípio, deve partir do lugar no qual a infração foi cometida.

O **tiro de 7 metros** é determinado pelos árbitros em situações nas quais a equipe infratora impede uma clara chance de o adversário fazer um gol, sendo executado na linha do tiro de 7 metros mediante prévia autorização do árbitro e no tempo máximo de três segundos. O jogador que o executa deve permanecer atrás da linha de 7 metros, os demais devem se posicionar fora da linha de tiro livre, e os adversários precisam permanecer fora da linha de lance livre e a três metros da linha de 7 metros, enquanto o goleiro não pode cruzar a linha dos 4 metros.

O dinamismo do jogo e as possibilidades de contato físico entre os jogadores durante os duelos pela posse da bola ou por espaços acarretam ações de confronto direto, as quais demandam maior rigor da arbitragem e punições mais severas às infrações. Nesses casos, os árbitros podem sancionar os jogadores com advertências, exclusões e desqualificações.

As **advertências** ocorrem por meio de cartão amarelo em casos de ações ou atitudes antidesportivas que precisem ser sancionadas progressivamente. Um jogador não pode receber mais de uma advertência; a equipe pode levar, no máximo, três advertências; quanto à comissão técnica, no máximo deve haver uma para cada integrante.

Por sua vez, as **exclusões** determinam que os jogadores infratores devem permanecer fora de jogo por dois minutos, ao longo dos quais sua equipe jogará em inferioridade numérica na quadra. Todavia, o jogador pode ser excluído por, no máximo, duas vezes. Caso ocorra uma terceira vez, ele não poderá retornar à quadra. Os regulamentos oficiais indicam que um jogador é excluído quando: comete infrações seguidas vezes ou repete seu comportamento antidesportivo; quando ele não coloca a bola imediatamente no solo após uma infração às regras pela sua equipe; ou quando infração na zona de substituição.

Já as **desqualificações** correspondem às punições mais graves do handebol, pois o jogador é eliminado da partida mediante a apresentação de cartão vermelho por um dos árbitros. Assim, um jogador é desqualificado quando recebe a terceira exclusão, comete muitas faltas e apresenta comportamento excessivamente violento. Assim como na exclusão, depois dos dois minutos, a equipe poderá receber um outro jogador para compor a quadra.

Por fim, para uma partida de handebol que considere as regras oficiais, são necessários dois árbitros no campo de jogo, e ambos têm a mesma autoridade. Normalmente, eles se posicionam em lados opostos da meia quadra de jogo (diagonais). O árbitro de gol se posiciona na linha de fundo da quadra, e o árbitro central, na linha central da quadra, sendo que eles podem repetidamente trocar de lugar. Além dos árbitros, dois outros profissionais que atuam no jogo de handebol são o anotador, responsável por preencher a súmula, e o cronometrista, cuja função é administrar o tempo do início ao fim, parando o cronômetro nas interrupções e, também, controlando os tempos de exclusão.

Ⅲ *Síntese*

Neste capítulo, vimos que o handebol é considerado uma modalidade esportiva de invasão em que há constantes situações de oposição entre os jogadores adversários e de cooperação entre os da própria equipe, as quais podem ser resolvidas individualmente ou mediante auxílio. As situações da partida exigem que o praticante se adapte às ações motoras de diferentes elementos, percebendo as informações, processando-as e elaborando suas decisões e respostas.

A modalidade *indoor* do handebol é a mais popular mundialmente, muito por conta de seu jogo dinâmico e de sua atratividade para os espectadores. Além disso, ela pode oferecer excelentes oportunidades de aprendizagem por meio de uma atividade física, contribuindo para o desenvolvimento dos jogadores e ajudando-os a liderar de maneira plena e ativa. Esses fatos proporcionaram a expansão dessa modalidade para outros ambientes, a exemplo do handebol de praia e do handebol em cadeira de rodas (HCR), este último voltado à prática por portadores de necessidades especiais ou de deficiências.

O handebol de praia é disputado em um ritmo mais acelerado e, geralmente, envolve gols espetaculares. Em relação à pontuação, pode-se atribuir dois pontos a um gol nos seguintes cenários: marcado pelo goleiro; feito após um giro de 360° no ar; o executante recebe a bola em pleno ar e arremessa-a. Ainda, como a partida é cronometrada em dois períodos de dez minutos e a contagem de gols é independente em cada período, em cada tempo de jogo deve haver um vencedor. A quadra de areia mede 27 × 12 m, e a partida é disputada por, no máximo, quatro jogadores por equipe, sendo um deles o goleiro.

O HCR é uma modalidade esportiva adaptada para ser praticada por pessoas com deficiências físicas que usam cadeira de rodas, razão pela qual o tamanho do gol é menor: 1,70 × 3 m. Em relação à dinâmica do jogo, na versão HCR 6×6, tem-se o confronto de duas equipes com seis jogadores cada (sendo um deles o goleiro) na quadra de handebol *indoor*. A disputa envolve dois períodos de 20 minutos, com um intervalo de dez minutos. Já no HCR 4×4, as equipes são formadas por quatro jogadores (sendo um deles o goleiro) que disputam ao longo de dois *sets* de dez minutos, nos quais a pontuação é distinta em cada *set*. Caso seja necessário, promove-se um *set* suplementar.

A prática do handebol *indoor* ocorre com equipes compostas por sete jogadores (seis de linha e um goleiro) que podem ser substituídos a qualquer momento, sem limites de substituição. A partida é disputada em uma quadra de 40 × 20m, com duas traves (3 × 2 m) e duas áreas de gol (6 metros). A bola deve ser manipulada com as mãos e não pode ser tocada com a parte da perna abaixo dos joelhos, exceto pelos goleiros em ações de defesas. Ainda, a área de gol não pode ser invadida pelos jogadores de linha; o jogador em posse de bola pode driblar ilimitadamente, mas somente dar três passos com a bola nas mãos ou segurá-la por, no máximo, três segundos; em ações de infração às regras em situações claras de gol, a equipe infratora é punida com um tiro de 7 metros, exceto quando está em posse da bola (ataque). Em outras situações, ela é punida com um tiro livre. Na execução dos tiros laterais, o jogador deve manter um dos pés nas linhas laterais. Em cobranças, como também no tiro de saída, é preciso ter um dos pés dentro da área de tiro de saída. A partida tem duração de 60 minutos, divididos em dois períodos de 30 minutos, sendo possível reduzir esse tempo nas categorias de formação.

Atividades de autoavaliação

1. O handebol é considerado uma modalidade esportiva de invasão com situações constantes de:
   a) oposição.
   b) cooperação.
   c) oposição/cooperação.
   d) lazer.
   e) condicionamento.

2. Qual é o tamanho da quadra oficial de handebol e quantos jogadores compõem uma equipe?
   a) São seis jogadores que jogam em uma quadra de 30 × 20 m.
   b) São sete jogadores que jogam em uma quadra de 40 × 20 m.
   c) São oito jogadores que jogam em uma quadra de 40 × 25 m.
   d) São nove jogadores que jogam em uma quadra de 45 × 20 m.
   e) São dez jogadores que jogam em uma quadra de 40 × 30 m.

3. Quais situações podem gerar a marcação do tiro de sete metros no handebol?
   a) Quando os defensores tentarem retirar ou acertar a bola que está nas mãos do adversário, empurrar ou bloquear os atacantes no início do jogo.
   b) Quando os defensores tentarem retirar ou acertar a bola que está nas mãos do adversário, empurrar ou bloquear os atacantes na cobrança de faltas.
   c) Quando os defensores tentarem retirar ou acertar a bola que está nas mãos do adversário, empurrar ou bloquear os atacantes que se encontram de costas para o gol.
   d) Quando os defensores tentarem retirar ou acertar a bola que está nas mãos do adversário, empurrar ou bloquear os atacantes em clara situação de gol.
   e) Quando os defensores tentarem retirar ou acertar a bola que está nas mãos do adversário, empurrar ou bloquear os atacantes à frente da linha pontilhada.

4. Indique a alternativa que se refere ao handebol de praia:

   a) Pode-se marcar 2 pontos em um único gol.
   b) O jogo é cronometrado em dois períodos de 30 minutos.
   c) A quadra mede 40 × 20 m.
   d) Jogam sete pessoas em cada equipe.
   e) Há a linha pontilhada de 9 m.

5. Indique a alternativa que se refere ao handebol em cadeira de rodas:

   a) O confronto ocorre entre duas equipes de cinco jogadores.
   b) Jogam-se dois períodos de dez minutos.
   c) Dois jogadores não precisam usar cadeiras de rodas.
   d) A quadra mede 20 x 20 m.
   e) A trave apresenta um tamanho reduzido (1,70 × 3,00 m).

Atividades de aprendizagem

Questões para reflexão

1. Reflita sobre as características das situações de jogo de handebol *indoor* que seriam similares nas demais modalidades dos jogos esportivos coletivos (basquete, futebol, futsal etc.).

2. Se você fosse o treinador de uma equipe de handebol em cadeira de rodas, como montaria os treinos? Quais seriam as dificuldades para elaborar as tarefas de treino? Como encontrar possíveis jogadores?

Atividade aplicada: prática

1. Elabore um *quiz* com perguntas e respostas (20) sobre as regras do *handebol indoor* em um formulário *on-line* para ser preenchido via *smartphone* por seus colegas de sala. Em seguida, reúnam-se em grupos e comparem as respostas.

Capítulo 3

Metodologia de ensino-aprendizagem--treinamento do handebol

José Carlos Mendes

Neste capítulo, tematizaremos a metodologia de ensino-aprendizagem-treinamento do handebol, refletindo sobre o desenvolvimento do jogo para compreender quais elementos precisam ser construídos no processo de ensino dessa modalidade esportiva. Ainda, abordaremos de maneira pormenorizada as etapas de ensino (iniciação, aprendizagem específica e especialização), identificando as características de cada uma e como elas devem ser trabalhadas na prática profissional. Além disso, ao final do capítulo, apresentaremos as principais metodologias de ensino voltadas ao handebol e seus pressupostos teóricos e pedagógicos.

3.1 Desenvolvimento do jogo de handebol

O jogo de handebol compreende inúmeras ações individuais e coletivas que são selecionadas, organizadas e coordenadas como uma unidade e utilizadas de maneira racional e oportuna pelas equipes, na expectativa de vencerem (Teodorescu, 2003). Para que a partida ocorra, há uma estrutura básica (formal e funcional) de como os jogadores e a equipe desenvolvem as tarefas durante o jogo, o qual se dá em duas fases distintas: a **fase ofensiva** se inicia após a conquista da posse de bola e se estende à recuperação desta pela equipe adversária; e a **fase defensiva** começa quando a equipe perde a posse de bola, estabelece-se em um sistema defensivo e, posteriormente, recupera a bola.

Essas duas fases representam momentos diferentes e contraditórios, os quais se influenciam reciprocamente, já que não há uma sequência rígida de desenvolvimento. As duas etapas são condicionadas por situações decorrentes das interações de oposição/colaboração dos jogadores em função de aspectos básicos, tais como as estratégias de cada equipe e o desenvolvimento dinâmico da partida (Garganta, 2000; Silva, 2008; Sousa et al., 2015).

A fase de ataque é dividida em duas subfases: contra-ataque e ataque posicional, enquanto a fase defensiva abrange quatro subfases: recuperação defensiva, defesa temporária, organização do sistema defensivo e defesa em sistema. As expressões *subfases de jogo* e *métodos de jogo* podem ser encontradas na literatura específica como sinônimas, mas se referem a conceitos distintos: a **subfase de jogo** diz respeito à estrutura formal (Figura 3.1) de recuperar, transportar e manter a posse de bola de forma organizada e planificada no jogo (Cardoso, 2003; Prudente, 2006); por sua vez, o **método de jogo** compreende a estrutura funcional, isto é, como os jogadores e as equipes resolvem as tarefas em cada etapa. Logo, vincula-se à identidade do modelo de jogo adotada para as etapas ofensiva ou defensiva (Silva, 2008; Garganta, 1997).

Figura 3.1 Estrutura básica formal do modelo de jogo e as relações entre as distintas fases do handebol

Fonte: Mendes, 2020, p. 41.

Assim, a fase defensiva começa após a perda da bola e vai até a recuperação desta, o que pode acontecer por conta de vários fatores (sofrer gol, defesa do goleiro, entre outros). Em função da dinâmica veloz do jogo, a estruturação deve ser planejada ainda durante a fase ofensiva. Isso significa distribuir adequadamente os jogadores na quadra, facilitando as linhas de corrida de retorno para a zona defensiva de atuação. Também, após a perda da bola, todos os jogadores devem manter os claros objetivos de recuperá-la, impedir o avanço da equipe adversária em direção ao gol e defender a própria baliza, dificultando o êxito do oponente (Castelo, 2009; Gomes, 2008; Krahenbühl et al., 2019).

Já a etapa defensiva se dá mediante intenções táticas muito flexíveis e diferentes formas de atuação. Sua estruturação já deve ser prevista na fase de ataque, a partir da adequada ocupação do espaço pelos jogadores, a fim de oferecer possibilidades de dar continuidade ao jogo em razão da perda da bola por falha técnica ou por falta regulamentar sancionada pela equipe de arbitragem ou após a finalização ao gol. Nessa etapa, é fundamental que os jogadores retornem rapidamente para a área do gol (recuperação defensiva), abdicando de substituições por especialistas de defesa e sem a preocupação de ocupar seu posto específico (defesa temporária) no sistema defensivo da equipe (Antón García, 2000).

Na atualidade, observa-se um significativo aumento de ataques finalizados com êxito em situações nas quais o sistema defensivo do time adversário está fora do ideal (Lozano; Camerino; Hileno, 2016). Por isso, as equipes precisam treinar a transição para que ela seja cada vez mais adequada considerando as subfases de recuperação defensiva e defesa temporária. Sob essa ótica, em caso de êxito, as equipes têm tempo suficiente para reorganizar o sistema defensivo, em que cada jogador se posiciona no posto específico do sistema defensivo proposto.

Na organização do sistema defensivo, é muito comum que as equipes contem com jogadores especialistas defensivos. Com isso, os jogadores atuam em postos específicos e obtêm maior eficácia em relação às ações individuais e grupais do sistema proposto. A nominação dos sistemas defensivos é determinada em função da distribuição dos jogadores quanto às linhas defensivas. Assim, os sistemas defensivos são classificados: em **mais fechados** (6:0 e 5:1) ou **mais abertos** (3:2:1; 4:2; 3:3 e 1:5); pelo número de jogadores posicionados em defesa à zona e/ou de jogadores que realizam ações de marcação individual – denominados *mistos* (5+1 e 4+2) –, característicos em momentos especiais, como diante da superioridade numérica defensiva, na fase terminal do jogo, estando em desvantagem no placar etc. (García Herrero, 2003; Greco; Romero, 2011).

Por seu turno, a fase ofensiva inicia após a recuperação da posse de bola, o que pode ocorrer por conta de vários acontecimentos (falhas técnicas ou regulamentares, defesa do goleiro, entre outros), até o adversário recuperar o controle da bola (depois disso, a equipe volta à fase defensiva). Como vimos na Figura 3.1, além da divisão do ataque em duas fases (contra-ataque e ataque posicional), existem as subdivisões denominadas *métodos de jogo*, que se referem à maneira como a equipe atua. Exemplos: no contra-ataque, são utilizados os seguintes métodos: contra-ataque simples/ apoiado; ataque rápido; e reposição rápida do tiro de saída.

O jogo ofensivo tem evoluído constantemente, muito em virtude das alterações nas regras de jogo – abordadas anteriormente. Por exemplo, a interpretação mais objetiva do jogo passivo (regra 10) favoreceu a diminuição do tempo disponível para as ações de finalização. Nesse contexto, em uma partida, é comum que surjam inúmeras situações de contra-ataque, as quais podem ser simples, tais como: a criação de oportunidades individuais dos jogadores à frente do goleiro; a progressão em drible ou por um reduzido número de passes; ou de forma apoiada, quando o contra-ataque é organizado em uma sucessão de passes por meio dos quais são criadas situações de finalização com oposição exclusiva do goleiro (Antón García, 2000).

Além dessas situações, também são observadas muitas situações, como: ataque rápido, isto é, de combinações ofensivas para surpreender a equipe adversária que se encontra na fase de recuperação defensiva ou em defesa temporária (sem as substituições dos especialistas defensivos); e do tiro de saída rápido, pois mesmo diante de um fracasso defensivo, é possível estruturar ações de contra-ataque por meio da rápida reposição do tiro de saída, bem como de ações individuais ou coletivas, com a combinação de meios táticos "simples" ou "complexos" em função das características defensivas dos adversários (Román Seco, 2006; 2007).

Diante de uma rápida recuperação defensiva, o que ocorre em grande parte do jogo, as equipes estruturam o ataque posicional distribuindo os jogadores em função das linhas ofensivas. Nesse contexto, a estrutura mais comum é o sistema ofensivo 3:3, em que três jogadores (armadores) ocupam a primeira linha ofensiva (linha do tiro livre), os outros três se posicionam na segunda linha ofensiva (área de gol), os extremas/pontas ocupam os espaços próximos às linhas laterais, e o pivô fica no meio do sistema defensivo adversário.

Para o desenvolvimento do ataque posicional, os jogadores precisam ter o pleno domínio dos conceitos de jogo coletivo e dos meios táticos ofensivos. Exige-se um rol diversificado e variado de condutas tático-técnicas individuais, com elevados níveis de eficiência e eficácia, em situações extremas de pressão espaço-temporal. Além disso, é possível incrementar cenários que envolvam a participação do goleiro falso – o jogador de linha que substitui o goleiro na fase ofensiva, mas que não pode atuar como goleiro (a substituição deve seguir as regras do jogo).

3.2 Etapas do ensino do handebol: iniciação

O ensino-aprendizagem-treinamento (EAT) de qualquer modalidade esportiva deve ser concebido como um "processo sistêmico, pedagogicamente construído, planificado e estruturado em diferentes estágios e etapas, com conteúdo específico a serem oportunizados em cada uma delas" (Greco; Silva; Greco, 2012, p. 235). Sob essa perspectiva, a literatura é consensual quanto à divisão desse processo em etapas formativas e com objetivos específicos que devem ser alcançados pelos jogadores em cada etapa, aliados à adoção de modelos de ensino mais adequados para cada faixa etária.

Apesar de divergências entre os autores em relação à exata faixa etária e à distribuição de alguns conteúdos de treino, a maioria concorda que o processo de aprendizagem inicial do handebol deve ocorrer até os 12 anos de idade (Antón García, 2000; Ehret et al., 2002). Nesse período, é imprescindível priorizar os aspectos motivacionais das crianças pela prática da modalidade, bem como estabelecer diretrizes para a formação e o desenvolvimento de sua personalidade e de suas necessidades, uma vez que se trata do primeiro contato organizado com esse esporte.

De modo geral, o processo de EAT na etapa de iniciação não deve se preocupar em ensinar ações coletivas de grupo (cruzamentos, permutas, passa e vai, entre outras) de maneira predeterminada, e sim permitir que estas sejam executadas em razão das diversas situações vivenciadas durante as atividades e os jogos.

Considerando o aspecto defensivo, o ensino deve oportunizar formas flexíveis e variadas de marcação individual, propiciando aos jogadores o aprendizado de regras táticas de comportamento individual no jogo 1X1. No aspecto ofensivo, o ensino precisa focar no aprendizado básico das habilidades técnicas (passe, arremessos de apoio, recepção, entre outras) com base em cenários simplificados de jogo e que demandem a percepção e a análise das situações, o que promove a tomada de decisão na escolha e na execução das ações motoras adequadas.

Ainda, as atividades propostas precisam, essencialmente, estimular a diversão das crianças mediante os elementos constitutivos do handebol. É importante que os "jogos" correspondam às atividades mais numerosas e importantes das aulas/sessões de treino, pois permitem que os alunos exercitem sua motricidade com eficiência e de forma variada, tendo em vista vários estímulos das capacidades perceptivas.

Além disso, é necessário oportunizar às crianças a prática de uma grande variedade de jogos: jogos tradicionais (perseguição e imitação); jogos específicos do handebol (jogo dos dez passes); além de jogos inventados pelo técnico e pelos alunos. Contudo, é prudente manter os aspectos básicos dos Jogos Esportivos Coletivos (JECs) de oposição/cooperação, com a presença de um objeto para ser jogado, de um alvo para acertar, bem como de companheiros e adversários, espaços de diferentes formatos e regras simples que propiciem a participação e mantenham a motivação das crianças. Nessas práticas, as crianças terão distintas vivências vinculadas a orientações espaciais, deslocamentos em diversas trajetórias, velocidades e variações de ritmo da bola em relação aos companheiros e aos adversários (Bayer, 1992).

A aprendizagem dos elementos técnicos ofensivos (passe, drible, arremessos, desmarcação) e defensivos (posição de base, deslocamentos, marcação) deve ser fomentada em conjunto, com menor ênfase às correções pontuais relativas à execução motora, e ocorrer preferencialmente por meio de atividades lúdicas. A ideia central dessa aprendizagem é priorizar o desenvolvimento da inteligência tática. Ou seja, a execução de tais elementos técnicos não pode se dar em situações exclusivamente isoladas em relação ao contexto do jogo, e sim mediante atividades que proporcionem um encadeamento progressivo e concomitante com os aspectos táticos.

Embora, nessa etapa, não se recomende muita atenção à intenção tática, é necessário promover atividades que permitam a aprendizagem das regras táticas básicas do jogo 1X1, bem como do jogo coletivo em formas simplificadas (Antón García, 1990; Ehret et al., 2002). Nesse propósito, é interessante priorizar cenários que propiciem o desenvolvimento de princípios táticos individuais, alicerçados nas possibilidades de escolha e utilização dos elementos técnicos em diferentes parâmetros espaço-temporais. Sob essa ótica, é prioritário que as crianças possam construir suas capacidades perceptivas em contextos análogos ao jogo de handebol.

Para dar suporte ao desenvolvimento dos aspectos mencionados, é preciso possibilitar o desenvolvimento físico das crianças, prioritariamente por meio de atividades que estimulem a melhoria das capacidades coordenativas em íntima conexão com um elevado número de vivências e com a amplitude de seu repertório motor gestual. A esse respeito, Greco, Benda e Ribas (1998) enfatizaram que as capacidades coordenativas devem ser trabalhadas em harmonia com as capacidades motoras, a fim de fomentar o desenvolvimento da imagem corporal e a percepção sensorial diferenciada, bem como contribuir para melhorar a coordenação. Assim, as atividades devem priorizar ações que exijam certo grau de coordenação em contextos específicos de jogo e, também, em situações genéricas relacionadas ou não com a bola e o controle de outros elementos.

Por conta das características inerentes às fases de crescimento e desenvolvimento em que as crianças se encontram, é prudente adaptar a estrutura formal do handebol, com a simplificação e a modificação de algumas regras, tais como diminuir as dimensões do terreno de jogo e seus equipamentos, reduzir o número de jogadores e o tempo de jogo etc. Tão importante quanto é fazer adaptações na estrutura funcional que possibilitem a participação integral das crianças durante o jogo. Por exemplo: estipular um tempo mínimo de jogo para cada criança, oportunizar a todos jogar como goleiro, não permitir a marcação pressão no campo de defesa pela equipe adversária, entre outras. Além disso, vale ressaltar que as competições formais, que demandam perfeição nos movimentos ou nos gestos motores, bem como grandes soluções táticas, devem dar lugar a festivais com jogos modificados e adaptados às características e necessidades dos praticantes.

3.3 Etapas do ensino do handebol: aprendizagem específica

A etapa de aprendizagem específica abrange a faixa etária dos 12 aos 14 anos e tem o objetivo central de possibilitar o aprendizado dos elementos específicos da modalidade. Entretanto, é salutar não abandonar completamente as características das atividades da etapa anterior, pois a transição de uma fase à outra não deve estar condicionada exclusivamente à faixa etária, mas sim à capacidade de jogo dos praticantes. Portanto, é importante manter as características lúdicas nas atividades e promover um número de jogos, mesmo que o objetivo central dessa etapa seja o aprendizado específico dos elementos tático-técnicos individuais, grupais ofensivos e defensivos do handebol e suas implicações no jogo.

Nessa perspectiva, a aprendizagem dos elementos tático-técnicos individuais deve ser mais orientada na busca pela eficácia (resultado da execução das ações) e variabilidade do que na eficiência (realização correta das ações). De todo modo, é prudente fazer a correção dos erros mais grosseiros, permitindo que os praticantes exerçam a criatividade para resolver os problemas impostos pelo jogo. Mas, gradativamente, as atividades devem ser direcionadas para objetivos mais específicos e de instrução direta, a fim de provocar o aprendizado dos elementos técnicos mais concretos e estatisticamente mais utilizados.

Além disso, esse aprendizado precisa abranger todos os postos específicos, porque o processo maturacional dos aprendizes não está concretizado e os postos do handebol de elite têm exigido certos padrões biotipológicos para as posições (Antón García, 2000; Ehret et al., 2002). Assim, a especialização em uma posição pode ser um fator limitante para a *performance* futura do jogador. Então, a aprendizagem específica do gesto esportivo (técnica) deve ser oportunizada em sua forma global, priorizando as ações motoras que servem para a solução de tarefas esportivas relativas ao contexto da modalidade.

Em relação a isso, alguns autores enfatizam que, concomitantemente ao aperfeiçoamento e à especialização técnica em um esporte, é preciso que o jovem realize e participe de duas ou três modalidades esportivas, preferencialmente nas quais existam fatores que possam interferir no processo de transferências de técnicas (Greco; Silva; Greco, 2012). Por exemplo, não seria adequado praticar as modalidades de handebol em paralelo com o basquetebol, pois o ideal é que os jogadores de handebol, ao receberem a bola, utilizem inicialmente o ciclo de passos e retardem a utilização do drible. No basquetebol, exige-se justamente o contrário.

Nesse cenário, dois pontos importantes devem ser observados durante o processo de aprendizagem dos elementos técnicos individuais da modalidade. O primeiro se refere à necessidade de propiciar o devido treinamento para a aquisição de habilidades técnicas mais complexas, como os arremessos com queda e salto, fintas, entre outras. A segunda diz respeito ao próprio ensino, que deve ser alicerçado na aplicabilidade de tais habilidades, ou seja, no treino referente à utilização das habilidades técnicas aprendidas no jogo e na própria situação de jogo. Para tanto, é importante embasar as atividades práticas em ideias generalizadas que possam ser aplicadas em qualquer zona ou posto específico, promovendo um contínuo intercâmbio de relação entre atacante e defensor e a alternância na valorização dos objetivos ofensivos e defensivos.

Assim, o treino técnico deve ser planejado sob a ideia da pedagogia das intenções (Bayer, 1992). Isto é, o jogador deve passar de um jogo instintivo a um jogo intencional e organizado, bem como ser estimulado a reconhecer a importância da análise das situações e de seus significados, distinguindo, no contexto global, os elementos prioritários dos acessórios e adaptando os gestos às ações e reações dos companheiros/adversários fazendo os devidos espaço-temporais (Antón García, 1990).

Quanto aos aspectos táticos, a ideia básica é introduzir a aprendizagem dos meios táticos de grupo mediante ações combinadas entre dois ou mais jogadores, sem a mecanização ou a predeterminação de ações, uma vez que estas devem decorrer dos problemas gerados pelo jogo. Além disso, é necessário dar os primeiros passos em relação ao aprendizado da tática coletiva e, gradativamente, estabelecer uma organização em forma de sistemas de defesa e ataque.

No setor defensivo, as atividades devem priorizar o ensino dos comportamentos individuais por meio dos meios táticos grupais, como auxiliar, cobrir e trocar de marcação. Em relação à seleção dos sistemas de defesa a serem empregados, deve-se prezar pelos sistemas mais abertos. Exemplo: sistemas defensivos 1:5 e 3:3, que caracterizam uma defesa zonal/mista. Contudo, a orientação defensiva recai sobre o adversário, o que torna esses sistemas bastante dinâmicos. Tais características abertas dos sistemas defensivos são justificáveis, porque, nessa faixa etária, é preciso enfatizar as possibilidades de recuperar a posse de bola, mantendo o atacante pressionado a cometer erros, bem como criar dificuldades para as ações de continuidade do jogo ofensivo.

Em virtude da utilização dos sistemas mais abertos de defesa, a organização tática de ataque deve ser distribuída em duas linhas (ex.: sistema ofensivo 3:3), exigindo-se constantes trocas de posições na largura e em profundidade. Entre os meios táticos de grupo, é necessário focar no ensino de tabelas (passa e vai), permutas, cortinas e pantalhas, que consistem em meios eficazes para situações nas quais os defensores se encontram de maneira escalonada. No entanto, a execução dos meios táticos de grupo deve ocorrer em função das situações propostas pelo jogo. Isto é, não é preciso se preocupar com a predeterminação das trajetórias, a circulação da bola ou as linhas de corridas e os deslocamentos dos jogadores.

Nessa etapa, a ênfase no desenvolvimento morfofisiológico e funcional deve ser associada à execução de jogos ou atividades lúdicas. Inclusive, pode-se promover um aumento de intensidade nas aulas/tarefas de treino mediante a ampliação dos espaços para atividades e jogos. Ainda, contanto que existam objetivos competitivos, é importante introduzir os praticantes aos exercícios de desenvolvimento de força geral, especialmente por meio de atividades resistidas que envolvam o próprio peso corporal e equipamentos leves (*medicine balls*, halteres leves, entre outros), concomitante com um processo de treino moderado da capacidade anaeróbica, a fim de aprimorar a velocidade de reação, a mudança de direção e as paradas bruscas, tão solicitadas no handebol.

Outro fator relevante relacionado a essa etapa é a estabilização da postura. Isso porque muitos praticantes dessa faixa etária se encontram na fase do segundo grande estirão de crescimento. Por isso, os treinadores precisam ter atenção redobrada para observar e evitar que os alunos adotem posturas inadequadas durante as atividades, do contrário, eles poderão desenvolver futuros desvios posturais. Sobre isso, é fundamental propiciar a prática de exercícios de aumento e manutenção da mobilidade articular, principalmente para os músculos da cadeia posterior.

Considerando a aplicação das regras oficiais, a necessidade de fazer adaptações vai se tornando cada vez menor, até seu total desaparecimento. Contudo, existem orientações com o intuito de manter a redução do tempo de jogo, a participação equilibrada de cada jogador em quadra e a rotação nos postos específicos, exceto no caso dos goleiros, que já podem iniciar um processo de treino especializado. Também, vale destacar que, nessa faixa etária, tem-se o momento ideal para introduzir os jogadores a várias situações competitivas formais, desde que elas mantenham um caráter auxiliar de formação. Isso pode ocorrer mediante programas simplificados, que objetivem não exigir muito dos jogadores, e com a maior valorização do divertimento em relação aos resultados.

Portanto, com a concretização das etapas anteriores, a ênfase do processo deve se voltar à etapa de aprendizagem especializada, que, basicamente, busca o aperfeiçoamento das diversas ações tático-técnicas em postos específicos, bem como a organização coletiva do jogo.

3.4 Etapas do ensino do handebol: especialização

A etapa de aprendizagem especializada ocorre entre os 15 e 16 anos de idade e é considerada a mais direcionada para a consolidação do processo de EAT dos conteúdos do handebol. A partir dessa fase, toda a prática da modalidade se estrutura em forma de postos específicos com a finalidade de promover a organização coletiva do jogo. Além disso, trata-se do ponto de divisão entre os treinamentos de base e de aproximação para o alto rendimento esportivo, na qual a principal tarefa incide sobre o desenvolvimento da capacidade de jogo de forma específica, respeitando os conceitos táticos do handebol de alto nível (Antón García, 1990).

A ideia é promover a consolidação dos hábitos tático-técnicos adquiridos nas etapas anteriores, juntamente com o processo de especialização. No entanto, é pertinente que esta não aconteça inicialmente em um só posto específico, mas sim que se promova um rodízio pelos diferentes postos (Bayer, 1992; Ehret et al., 2002).

São dois motivos que justificam isso: o primeiro está relacionado às fases de crescimento e de desenvolvimento que ainda não foram finalizadas, por conta das quais o jogador pode sofrer alterações corporais que, futuramente, possam dificultar as ações em determinados postos específicos; o segundo se refere ao fato de que propiciar uma especialização unilateral e absoluta em um posto específico pode acabar limitando as possibilidades de evolução do jogador na categoria adulta.

Em observações realizadas nas partidas dos campeonatos mundiais de handebol adulto, percebe-se que o jogo exige uma dinâmica diversificada de ações em mais de um posto específico. A evolução da modalidade indica a necessidade de formar praticantes universais, ou seja, capazes de realizar ações diversificadas independentemente do posto que ocupem (Román Seco, 2007).

Nesse cenário, o processo de EAT dos elementos técnicos envolve um maior grau de exigência quanto à variabilidade e à correta execução, em função das características de cada posto. Então, o acervo motor adquirido pelos jogadores nas etapas anteriores serve de base para a efetiva especialização em cada um deles. Caso contrário, é importante retomar algumas tarefas da fase anterior, exigindo-se a aprendizagem de variações técnicas e o aperfeiçoamento da adaptação técnica, preferencialmente desenvolvidos em atividades nos postos específicos.

Quanto ao aspecto tático, as ações táticas individuais devem ser aperfeiçoadas em relação ao(s) posto(s) específico(s) em que atua o jogador, mediante atividades que demandem maior complexidade de percepção, análise, tomada de decisão e execução. O jogo, nessa etapa, acontece de maneira organizada, e os conhecimentos dos meios táticos de grupo e dos sistemas defensivos e ofensivos são fundamentais para a evolução do praticante. Por isso, ele deve conhecer diferentes sistemas de jogo, bem como suas possíveis adaptações e variações (Antón García, 2000; Bayer, 1992).

Os principais aspectos referentes ao treino de ataque são a multiplicidade de possibilidades de ações táticas grupais, por meio do treino dos procedimentos táticos coletivos de ataque em pequenos grupos (2/3 jogadores), e a transição de formações ofensivas com um ou dois pivôs. Ainda, o desenvolvimento das ações táticas de grupo precisa envolver diferentes postos específicos, da mesma linha ou de diferentes linhas, com maior complexidade, tanto aumentando-se a quantidade de jogadores quanto dos próprios postos (Ehret et al., 2002).

No jogo defensivo, ocorre a transição dos sistemas defensivos mais abertos (1:5 e 3:3) de marcação individual, com orientação ao adversário para a forma de marcação baseada no posicionamento da bola. Mas a defesa deve manter um comportamento ativo e antecipativo, com a opção de se organizar em sistemas abertos como os sistemas defensivos 3:2:1 e 4:2. As ações de bloquear arremessos, auxiliar a cobertura e trocar de marcação ganham um valor especial na formação do treino. Contudo, é necessário que tais ações sejam desenvolvidas em postos específicos ocupados pelos jogadores nos sistemas defensivos priorizados pela equipe. Por sua vez, em relação ao desenvolvimento físico, nessa etapa, tem-se um substancial aumento do tempo de trabalho, bem como a submissão do estilo de vida do jogador aos objetivos esportivos. Os jogadores são capazes de tolerar maiores exigências de treinos e competições, mas é preciso fazer um minucioso monitoramento do volume e da intensidade do treino, visando garantir que eles aprimorem suas capacidades acentuadamente e com pequenos riscos de lesões. Apesar da relevância da manutenção de um treino multilateral, em certos períodos do ano, a prioridade deverá ser enfatizar a especificidade por intermédio de métodos, meios e técnicas de treino que construam um alto nível de eficiência específica para o handebol. Assim, o desenvolvimento da força deve refletir as necessidades específicas do esporte, e não serem meros treinamentos para adquirir força máxima. Além disso, também é necessário priorizar o acréscimo progressivo de intensidade e volume no treinamento anaeróbio.

Em relação à aplicação das regras, a partida deve acatar a regulamentação original do handebol sem adaptações. Isto é, o jogador deve executar os elementos técnicos ofensivos e defensivos com o máximo de rendimento permitido pelas normas. Ainda, é importante participar mais de competições, com foco na construção de habilidades motoras, táticas e aptidões específicas, para que, ao final dessa etapa, os praticantes jogadores estejam competindo com a mesma frequência dos jogadores adultos.

3.5 Metodologias de ensino do handebol

Até a década de 1980, as metodologias de ensino se alicerçavam basicamente na teoria comportamentalista, a qual tinha uma concepção analítica para a transmissão de conteúdos e conhecimentos, hierarquizando as tarefas do processo do menos para o mais complexo e considerando o ensino da técnica como aspecto fundamental para trabalhar as ações de jogo. Nesse contexto, o desenvolvimento de distintas modalidades esportivas era influenciado por pensamentos e conhecimentos provenientes de múltiplas disciplinas científicas – inicialmente, as modalidades individuais de atletismo e natação – e, posteriormente, dos JECs, mediante uma transferência direta de meios e métodos sem a preocupação e a especificidade estrutural e funcional desse grupo de desportos (Mendes, 2006).

Nesse período, para ensinar os JECs (caso do handebol), o professor-treinador tinha acesso aos métodos de instrução direta, a exemplo do **método tradicional ou tecnicista**, o mais divulgado e amplamente utilizado no campo prático e recomendado por distintos autores, em virtude de seu processo de instrução ser estruturado, dirigido e controlado pelo professor-treinador. No método[1] tradicional, fazia-se uma fragmentação do conteúdo do jogo para sua utilização em sequências pedagógicas de exercícios divididos por níveis de dificuldade, em uma proposta metodológica que parte do fácil ao difícil e do mais simples ao mais complexo, no qual o processo de ensino era norteado por um "ensinar-se o modo de fazer (técnica) separada das razões de fazer (tática)" (Garganta, 2000, p. 55).

---

[1] Método: conjunto de momentos e técnicas logicamente coordenados para direcionar o aprendizado em relação a certos objetivos mediados por professor e aluno, considerando o que deve ser ensinado.

A literatura sobre esse método traz milhares de atividades consideradas educativas, pois possibilitam a prática em duplas, colunas e fileiras, mas que privilegiam o aprendizado de gestos técnicos em cenários muitos aquém das situações reais de jogo. Ou seja, os educativos se tornam deseducativos, já que a prática se dá em contextos estáveis, inexistentes no jogo propriamente dito.

Dietrich, Durrwachter e Schaller (1984) estabeleceram uma série de práticas de exercícios na metodologia de jogo organizadas de acordo com pontos de vista metodológicos e estruturadas em noções de progressão, refinamento e aplicação. Tais tarefas apresentavam quatro níveis de complexidade:

- **Situações tipo I**: Exercitação das habilidades simples sem oposição.
- **Situações tipo II**: Exercitação da combinação de habilidades, ainda sem oposição.
- **Situações tipo III**: Exercitação em situações de oposição simplificada, formas parciais de jogo, número reduzido de jogadores em vantagem ou igualdade numérica.
- **Situações tipo IV**: Exercitação em situações muito semelhantes ao jogo formal.

Além dos modelos diretivos, os autores introduziram, no processo de ensino dos JECs, o conceito recreativo denominado *série de jogos*. Nesse modelo, todas as atividades se caracterizam pelo aspecto coletivo de sua prática, propondo-se partir do todo para chegar ao elemento, em contraposição à ideia mecanicista dos modelos tradicionais. De acordo com esse modelo, o professor-treinador poderia optar por três formas de apresentar o jogo:

- **Forma global:** Mediante atividades que estimulem a ideia central do jogo pretendido, o qual pode ser dividido em partes ou formas prévias (jogos pré-esportivos).
- **Confronto direto**: Por meio de atividades de prática do jogo formal (jogo do adulto) com as regras oficiais.

- **Conceito recreativo**: Trata-se de uma junção das formas anteriores, com (i) momentos de prática e atividades que promovam a seriação das partes do handebol (técnica, tática etc.) e (ii) contextos em que a prática do jogo formal ocorreria considerando ajustes nas dimensões da quadra, redução do número de jogadores, entre outros, a fim de promover correções e o aperfeiçoamento dos gestos técnicos (Greco, 1998).

Por muitos anos, tais métodos proporcionaram resultados positivos em diversas investigações no âmbito da educação física. Contudo, os modelos comportamentalistas, especialmente os centrados na instrução direta, foram alvo de críticas da comunidade científica, principalmente em relação a duas circunstâncias expostas por Metzler (2017): a primeira se relaciona a compreender a importância atrelada à intenção do ensino, manifestada na descontextualização dos comportamentos e na baixa inferência das variáveis; a segunda se refere a ausência de uma perspectiva teórica, comprometendo o significado e a coerência do direcionamento das questões relativas ao ensino.

Bunker e Thorpe (1982) demonstraram uma grande insatisfação quanto ao ensino do jogo ser centrado na aquisição das habilidades técnicas no contexto escolar, a respeito do que os autores destacaram os seguintes aspectos sobre o EAT nesses métodos:

- pouco sucesso na realização das habilidades técnicas;
- incapacidade de os alunos criticarem a prática do jogo;
- rigidez das habilidades técnicas aprendidas;
- baixa autonomia dos alunos durante o processo de ensino-aprendizagem;
- reduzido conhecimento acerca do jogo.

Entretanto, no Brasil, no processo de EAT de diferentes modalidades esportivas, inclusive o handebol, ainda há uma forte influência dos pensamentos e conhecimentos provenientes dos métodos diretivos, mais focados na unidimensionalidade da técnica, como foi observado em investigações de várias modalidades esportivas (Saad, 2002; Anfilo, 2003; Mendes, 2006; Donegá, 2007) nas quais predominavam os métodos diretivos. Assim, diante da necessidade de superar esse paradigma dos JECs, variadas teorias de desenvolvimento curricular e de instrução implementaram uma ideia de modelo[2] em suas respectivas áreas. Metzler (2000; 2005) enfatizou que o termo *modelo* representava um avanço significativo em relação às expressões *método, estratégia* e *estilo de ensino*, pois oferecia uma perspectiva mais compreensiva e integral do processo de ensino.

No âmbito do esporte, o modelo de educação esportiva (*sport education*) e o *Teaching Games for Understanding* (TGfU) romperam com os métodos mais tradicionais, mas não apenas no nível dos conteúdos a privilegiar, como também dos métodos e das estratégias de instrução, da configuração dos papéis e das responsabilidades de quem ensina e de quem aprende, bem como dos contextos e cenários de aprendizagem (Graça; Mesquita, 2013).

O modelo *sport education*, criado por Siedentop (1987), propõe uma forma de educação lúdica (*play education*), com o objetivo de estabelecer um ambiente que propicie uma experiência autêntica, almejando criar uma contextualização esportiva e resolver alguns equívocos e mal-entendidos na relação entre escola, esporte e competição (Graça, 2002).

---

[2] Modelo: é entendido como uma estrutura para que os professores possam desenvolver unidades didáticas, que incluem um plano de ensino, uma base teórica, resultados concretos de aprendizagem, atividades de aprendizagem sequenciadas, comportamentos esperados de docentes e alunos, estruturas de tarefas, medidas para mensurar a aprendizagem e mecanismos para avaliar sua correção e implementação (Metzler, 2005).

A concepção da *sport education* se alicerça em três eixos fundamentais: competência desportiva, literacia desportiva e entusiasmo pelo esporte. Seu propósito é "formar a pessoa desportivamente competente, desportivamente culta e desportivamente entusiasta" (Graça; Mesquita, 2007, p. 410). Nesse cenário, Graça (2002) esclareceu que ser **competente** seria dominar as habilidades das modalidades esportivas para participar dos jogos de modo satisfatório, assim como conhecer, compreender e adotar um comportamento táctico apropriado ao nível de jogo praticado; por sua vez, por *culto* entende-se o praticante que reconhece e valoriza as tradições e os rituais associados ao esporte, conseguindo distinguir a boa da má prática; por fim, o **entusiasta** seria aquele que se sente atraído pelo esporte e que, com efeito, passa a ser um promotor da qualidade e um defensor da autenticidade da prática esportiva.

O modelo *sport education* procura reunir as características fundamentais para criar um contexto esportivo autêntico nas aulas de Educação Física na escola (Siedentop, 1994). Desse modo, as unidades didáticas são substituídas por temporadas esportivas (Quadro 3.1), com duração mínima de 20 aulas, nas quais os alunos podem viver a experiência de um quadro competitivo formal (filiação de equipes, registros de resultados, evento culminante etc.), mantendo-se, ainda, um caráter festivo e, para além disso, redefinindo os papéis de professor e estudantes – estes, além de jogadores, também devem desempenhar outros papéis vinculados ao contexto da prática esportiva, tais como: árbitros, anotadores e cronometristas, observadores de desempenho, capitães, treinadores e, eventualmente, jornalistas, dirigentes e publicitários (Graça, 2002).

Quadro 3.1 Exemplo da distribuição de conteúdos e tarefas de uma época esportiva na *sport education*

Esquema de uma época esportiva			
Aula	Foco	Papel do professor	Papel do aluno
1	Introdução Regras do jogo Habilidades iniciais	Dirige a instrução	Participante
2-5	Ensino das habilidades a toda a turma	Dirige a instrução	Participante
	Constituição das equipas	Apresenta as equipas Discute os papéis Discute fair play	Determina os papéis na equipe Escolhe nome da equipe
6-13	Preparação e treino do jogo Aprender e praticar funções de árbitro	Treinador principal Supervisor dos árbitros	Treinadores, jogadores, Aprender a arbitrar
14-25	Competição formal	Diretor do programa	Treinadores, jogadores, Árbitros
26-30	Play-offs	Diretor do programa	Treinadores, jogadores, Árbitros
	Final Prémios e apresentação	Diretor do programa Mestre de cerimónias	Treinadores, jogadores, Árbitros

Fonte: Graça, 2002, p. 27.

Sob essa perspectiva, o professor é o responsável por preparar a turma e as respectivas equipes, bem como os capitães e os treinadores, e convocar todos a assumirem papéis de corresponsáveis nas tarefas de ensino. As atividades de planejamento da época esportiva, os materiais de suporte, as condições para viabilizar o funcionamento autônomo e produtivo das equipes, a coordenação geral, a supervisão e a assistência às equipes demandam diferentes exigências à atividade do professor.

Quanto aos treinos e durante o calendário esportivo, a duração das partidas deve ser menor, e a instrução técnica deve ser organizada em função da aplicação tática, fazendo-se as devidas reduções de complexidade do jogo formal (adaptação das regras), a fim de gradativamente desenvolver a consciência e a competência tática nos alunos, mediante a previsão de uma sucessão de torneios (1×1; 2×2; 3×3, 4×4) que, a depender do nível da turma, talvez não avancem para a prática formal. O *fair play* deve ser enfatizado ao longo de toda a temporada esportiva. Inclusive, é possível oferecer premiações particulares aos alunos ou que gerem impactos na pontuação geral da equipe que competir mais eticamente durante a temporada esportiva.

O TGfU foi sistematizado por Bunker e Thorpe (1982) em um pequeno artigo intitulado "A Model for the Teaching of Games in Secondary Schools", publicado em 1982 no *Bulletin of Physical Education* (Graça, 2002). Contrariando a lógica dos métodos diretivos, com esse modelo, pretendia-se que a atenção central dedicada à construção das habilidades técnicas fosse transferida para o desenvolvimento da capacidade de jogo, subordinando o ensino da técnica à compreensão táctica da partida (Mendes, 2006).

Nesse viés, o modelo original do TGfU de Bunker e Thorpe (1982) – Figura 3.2 – expõe de maneira hierarquizada um processo dividido em seis fases e estruturado na ideia de que o jogo se aprende jogando. Na primeira fase (**forma de jogo**), há a escolha e a prática de uma forma modificada, com as devidas adequações relativas às características da faixa etária e ao nível de experiência dos alunos. São exemplos uma forma reduzida do jogo de basquetebol 3×3 ou um jogo de dez passes, na intenção de confrontar os alunos com problemas que desafiem sua capacidade de entender e atuar nele (Mendes, 2006).

Por sua vez, na segunda fase (**apreciação do jogo**), ocorre a apreciação das regras do jogo, bem como os alunos são capazes de sentir o efeito que a introdução ou alteração das regras exerce no modo como pontuam e no que podem ou não fazer (Mendes, 2006). As regras instituídas (adaptadas) delimitam o espaço do problema do jogo. Por exemplo, variar o número de jogadores e as questões espaciais no handebol, como também aspectos relacionados à regulação mais ou menos estrita do tempo e das possibilidades de movimento (limitar o uso do drible ou até proibir sua utilização), gera distintos constrangimentos de acordo com o repertório de técnicas e táticas aplicadas.

Figura 3.2 **Fases de desenvolvimento do modelo original do TGfU**

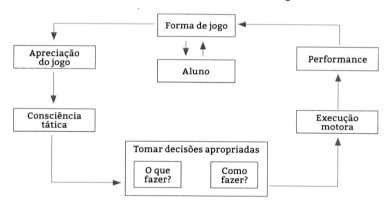

Fonte: Graça, 2002, p. 23.

A terceira (**consciência tática**) e a quarta fases (**tomar decisões apropriadas**) consistem nos momentos propícios para promover a conscientização das situações táticas, privilegiando a compreensão das táticas elementares por meio da identificação dos problemas táticos do jogo e da contextualização da tomada de decisão em torno das questões *O que fazer?* e *Como fazer?* Essa postura testa a capacidade de leitura e interpretação dos cenários de jogo considerando os princípios táticos anteriormente apreendidos e as possibilidades de ações, em que as decisões são suportadas e condicionadas pelo repertório de habilidades disponível e pela capacidade de mobilizar e aplicar tais habilidades no fluxo das partidas (Mendes, 2006).

No caso do handebol, exemplos de questões pertinentes seriam: o que fazer; onde se colocar; para onde se deslocar a fim de finalizar a gol ou assegurar a posse da bola; quais as funções de atacante com ou sem a posse da bola etc. Ao longo dessa fase, o aprendizado deve focar nos termos, nos conceitos, nos papéis e nas responsabilidades por meio do confronto, questionando e problematizando situações concretas.

Na quinta fase (**execução motora**), o foco recai na aprendizagem e no domínio das habilidades técnicas necessárias para resolver problemas concretos do jogo, reconhecendo-se a necessidade de visar especificamente ao ensino das habilidades técnicas após a exposição aos cenários táticos. Por fim, na sexta fase (*performance*), enfatiza-se a melhor *performance* possível, consolidando a qualidade de jogo praticado, o que, por sua vez, abre novas possibilidades para um novo ciclo.

Em geral, o TGfU corresponderia a um modo de interpretar o processo de ensino dos JECs, em que se materializa uma ideia concreta do estilo de ensino mediante a descoberta dirigida. Isto é, ao serem expostos a uma situação-problema, os aprendizes são estimulados a procurar soluções, auxiliados pelas questões estratégicas do treinador, com a intenção de atingir níveis conscientes de entendimento e de uma ação deliberadamente tática no jogo (Graça; Mesquita, 2013; Mesquita; Graça, 2009).

Nessa ótica, o TGfU implementou uma proposta aberta ao diálogo com diferentes perspectivas teóricas sobre a relação pedagógica e a aprendizagem. Segundo Graça, Ricardo e Pinto (2006) e Musch et al. (2002), esse modelo é amplamente discutido na literatura, tanto sob a ótica da agenda da investigação quanto como proposta de ensino do esporte. Sua consolidação a partir das ideias construtivistas desencadeou o surgimento de diferentes modelos de ensino dos JECs, tais como o modelo de competência nos jogos de invasão (MCJI).

O MCJI é considerado um modelo híbrido entre o TGfU e a *sport education*, sendo que, em relação ao primeiro, ele mantém as formas modificadas de jogo, as quais permitem o confronto com problemas reais em diferentes cenários, ao mesmo tempo em que sugere outras tarefas para oportunizar o ensino das habilidades específicas, condicionando o aprendizado mediante o entendimento tático.

Já quanto ao modelo *sport education*, sublinha-se a vinculação cultural das formas básicas de jogo, nas quais é essencial:

> *preservar a autenticidade dos jogos e o conceito essencial do jogo formal (Handebol); valorizar a criação de um contexto esportivo autêntico, o treino, a competição, o* fair play, *o caráter festivo, a equidade e inclusão; incluir a promoção de competências no desempenho de papéis de apoio e coordenação no treino e na competição, nomeadamente os papéis de árbitro e de treinador.* (Graça; Mesquita, 2013)

Esse modelo se utiliza das **formas básicas de jogo**, as quais funcionam como "temas holísticos" (Graça; Mesquita, 2013, p. 36), ou seja, seriam pontos de partida sucessivamente retomados para delimitar o espaço das situações-problemas do jogo, situar os objetivos de aprendizagem e condicionar os esforços na exploração e na busca de soluções para diferentes contextos de ataque e defesa que permitam integrar a ação individual ao desenvolvimento da complexa dinâmica de cooperação-oposição imposta pelos JECs.

Ao longo da prática de tais formas, além de adaptações estruturais (terreno de jogo, número de jogadores, bola, gols e regras), são introduzidas regras de condutas ofensivas e/ou defensivas que condicionam as possibilidades de ação nos planos espacial e temporal e, consequentemente, limitam os tipos de problemas que possam surgir na partida, oportunizando aos alunos a experiência de explorar e tentar encontrar soluções.

Sob essa ótica, o professor é o responsável por identificar as dificuldades dos alunos, direcioná-los aos objetivos de aprendizagem e fornecer a eles um *feedback* ativo durante os esforços de aprendizagem. A estruturação das tarefas de aulas/treinos se materializa considerando os princípios básicos de **continuidade** (ligar o novo ao antigo), **gradualidade** (do pouco para o muito) e **complexidade crescente** (do menos para o mais complexo) (Mesquita; Graça, 2006), a partir de ideias-chave:

(1) aprender a jogar no contexto de uma forma de jogo mais simples que o jogo formal; (2) aprender jogando, mas beneficiando de uma instrução ativa do professor e não somente da exploração livre do jogo; (3), apenas jogando não basta, porque o jogo não dispensa a exercitação, pelo que também se aprende a jogar exercitando as estruturas parciais e os elementos do jogo. (Estriga; Moreira, 2013, p. 124)

Ainda, o MCJI também propõe a prática de **formas parciais de jogo**, como organizadores temáticos básicos que norteiam o processo de diferenciação, no domínio temático global, das formas básicas de jogo. No caso do handebol, trata-se de criar situações que proporcionem o *continuum* da partida formal em contextos menos complexos. Por exemplo: um cenário para finalizar a gol ou impedir essa ação que promova diversas tentativas de finalização/oposição em condições facilitadas (ex.: superioridade numérica do ataque).

Além das formas básicas e parciais de jogo, existem as **tarefas baseadas no jogo**, que se referem a exercícios mais simplificados a fim de reforçar os requisitos para a execução das habilidades, as quais são subordinadas às necessidades objetivas evidenciadas pelos alunos nas atividades mais complexas. Por exemplo: exercitar a finalização ao gol após a recepção de um passe a diferentes distâncias, executando a última passada o mais próximo possível da área de gol.

Para facilitar a compreensão da estruturação prática das atividades no MCJI, apresentamos, a seguir, algumas sugestões vinculadas às formas básicas, às formas parciais e às tarefas baseadas no jogo que poderiam ser utilizadas em uma aula/sessão de treino centralizada na intenção de que os praticantes aprendam a jogar sem a posse de bola no ataque.

A primeira atividade diz respeito à prática da forma básica de jogo 5X5 (Figura 3.3) com as seguintes alterações de regras:

- apenas cinco jogadores por equipe (quatro jogadores de linha e um goleiro);
- marcação individual obrigatória na meia quadra de defesa;
- limitação do uso do drible;
- somente um quique da bola na meia quadra de ataque.

A intenção é enfatizar aos praticantes a importância de jogar sem a posse de bola. Mesmo com a limitação para o uso do drible, é possível ampliar o ciclo de passos por meio de um quique, ao mesmo tempo em que o número reduzido de jogadores e a marcação individual proporcionam maiores espaços para os atacantes.

Como visto anteriormente, a prática do jogo não é suficiente para o aprendizado e não dispensa a exercitação. Isso porque, ao longo de uma partida, os jogadores podem manifestar dificuldades para se desmarcarem ou, ainda, deslocarem-se para espaços inadequados. Então, é importante oportunizar a prática de formas parciais de jogo que foquem mais ainda na ideia central de aprendizado para jogar sem a posse de bola no ataque.

Figura 3.3 Ilustração da forma básica de jogo 5X5

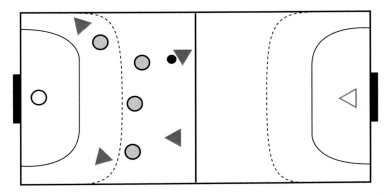

Na Figura 3.4, a seguir, consta um exemplo da forma parcial de jogo 1×1+2, em que o jogador sem a posse de bola (no círculo cinza) deve se desmarcar e receber a bola dentro dos arcos dos jogadores "curingas", enquanto o defensor (triângulo preto) tenta impedir o êxito do atacante. Ao interceptar a bola, ele imediatamente passa a atuar como atacante, e este assume o papel de defensor.

Figura 3.4 Ilustração da forma parcial de jogo 1X1+2

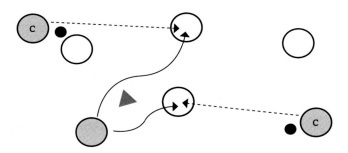

As formas parciais de jogo permitem o *continuum* característico do jogo formal, mas, além disso, proporcionam, de modo reduzido, a reprodução simplificada das tarefas complexas. Entretanto, ao simplificar as tarefas dos jogadores em formas parciais de jogo, ocorre um afastamento do jogo formal, pois aprender a jogar sem a posse de bola no ataque envolve exigências de desmarcação com o objetivo de criar linhas de passe em direção ao gol adversário.

Nesse sentido, a prática das tarefas baseadas no jogo pode contribuir para reforçar os requisitos necessários à execução das habilidades básicas para o jogo sem a posse de bola no ataque. A Figura 3.5 exemplifica uma exercício em espaço reduzido, no qual o atacante (A) deve superar o defensor (5) e finalizar a gol, podendo ou não passar a bola ao "curinga" (C). Caso a atividade seja organizada com os alunos dispostos em filas, após a ação ofensiva, o atacante (A) se converterá em defensor e este passará a ser o "curinga", que se deslocará para o fim da fila formada pelos atacantes.

Figura 3.5 Ilustração de uma tarefa baseada no jogo 1X1+1

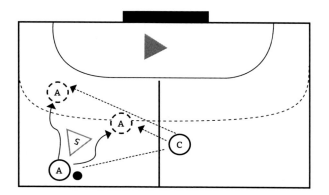

Como podemos concluir dos exemplos, estruturar uma aula/sessão no modelo MCJI consiste em, fundamentalmente, proporcionar mais oportunidades aos participantes e, sempre que possível, manter um equilíbrio dinâmico entre pessoa, tarefa e envolvimento, a fim de desafiar os praticantes a obterem sucesso. Nessa perspectiva, torna-se necessário que as atividades propostas pelo professor-treinador exijam dos alunos interpretações em três dimensões:

(a) a dimensão cognitivo-tático-técnica-técnica (perceptual que inclui as componentes cognitivas, motoras e físicas da performance; (b) a dimensão de interação social, que inclui as competências e disposições de relacionamento no seio da turma, nomeadamente com os colegas de equipe e adversários; e (c) a dimensão institucional-cultural, que inclui os significados atribuídos pelos praticantes às formas de manifestação do esporte em questão. (Graça; Mesquita, 2013, p. 38)

Hoje em dia, é emergencial superar a recorrência aos métodos diretivos. Isso porque as necessidades de inclusão e diversidade demandam soluções diversificadas e adaptativas para o processo de EAT do esporte em diferentes formas de manifestação e contextos, nos quais a aplicação de modelos híbridos pode atender aos interesses de crianças e jovens e, com efeito, a partir das situações vivenciadas, favorecer o desenvolvimento de iniciativa, imaginação e reflexão, saberes adaptados aos imprevisíveis cenários de uma partida de handebol.

ⅲ Síntese

Neste capítulo, vimos que a estrutura básica (formal e funcional) do jogo de handebol é determinada por duas fases: ofensiva e defensiva. A primeira se divide em contra-ataque e ataque posicional, ao passo que a segunda envolve a recuperação defensiva, a defesa temporária, a organização do sistema defensivo e a defesa em sistema. No ataque, o sistema mais comum é o 3:3, que conta com três jogadores (armadores) na primeira linha ofensiva (linha do tiro livre) e outros três na segunda linha ofensiva (área de gol). Já na fase defensiva, os jogadores também são distribuídos em linhas, para impedir o avanço da equipe adversária, sendo os sistemas 6:0 e 5:1 os mais fechados, e os sistemas 3:2:1, 4:2, 3:3 e 1:5, os mais abertos.

O processo de ensino do handebol deve ocorrer em etapas denominadas *iniciação, aprendizagem e especialização*. Na primeira fase (10 a 12 anos), os "jogos" adaptados devem prevalecer nas aulas/sessões de treino, pois estimulam as capacidades perceptivas de maneira lúdica. Por sua vez, os elementos técnicos devem ser desenvolvidos globalmente, sem demasiada preocupação com a execução motora, mas prezando pela compreensão tática, especialmente a partir do jogo 1x1. Para isso, é necessário diminuir as dimensões da quadra, o número de jogadores e o tempo de jogo.

Na etapa de aprendizagem (12 aos 14 anos), o objetivo é desenvolver os elementos tático-técnicos individuais e grupais mediante jogos ou atividades lúdicas. Além disso, pode-se desenvolver a força e a postura usando o peso corporal ou equipamentos leves. Ainda, deve-se incrementar os elementos técnicos mais complexos, como fintas e arremessos com queda e salto, bem como o uso das habilidades técnicas em situações de jogo. Nessa fase, é preciso seguir algumas orientações referentes à redução do tempo de jogo oficial e à atuação em várias posições, exceto em relação aos goleiros, que já estão aptos a iniciar um processo especializado.

Por fim, a especialização (15 a 16 anos) foca no desenvolvimento da capacidade de jogo. No entanto, ela não envolve o aprendizado em posições específicas. Trata-se, na realidade, de promover um rodízio entre os postos, uma vez que o objetivo é a formação de um jogador universal, capaz de realizar diversas ações em qualquer posição. Nessa ótica, o desenvolvimento da força deve se voltar às necessidades específicas do handebol. Também, nessa fase, é necessário aumentar a intensidade e o volume do treinamento anaeróbio. Ainda, os elementos técnicos e táticos precisam exigir maior complexidade de percepção, análise, tomada de decisão e execução, sem que seja necessário adaptar as regras e a estrutura do jogo.

Para ensinar o handebol, é possível utilizar diversas metodologias, entre elas: tradicional, série de jogos, educação esportiva (*sport education*) e *Teaching Games for Understanding* (TGfU).

Na metodologia tradicional, ocorre uma fragmentação do conteúdo do jogo em exercícios para desenvolver a técnica (modo de fazer) separada da tática (porque fazer). Em contraposição, a metodologia série de jogos caracteriza sua prática pelo aspecto coletivo, partindo do todo para chegar ao elemento específico. Por outro lado, o modelo de educação esportiva propõe uma sucessão de torneios (1×1; 2×2; 3×3; 4×4) para desenvolver a aprendizagem e o entusiasmo pelo esporte. Por fim, a metodologia TGfU foca na construção da capacidade de jogo, subordinando o ensino da técnica à compreensão tática e possibilitando a aquisição de um saber adaptado às imprevisíveis situações do handebol.

Atividade de autoavaliação

1. Na fase defensiva do jogo de handebol, os jogadores são distribuídos em linhas para impedir o avanço da equipe adversária, caracterizando sistemas de defesa fechados e abertos. Identifique nas alternativas qual se refere ao sistema fechado:

    a) 4:2.

    b) 3:3.

    c) 1:5.

    d) 6:0.

    e) 3:2:1.

2. De que forma os elementos técnicos do handebol devem ser ensinados na etapa de iniciação, que ocorre aproximadamente até os 12 anos de idade?

    a) De forma parcial, ocupando-se da execução motora e da compreensão técnica, especialmente a partir do jogo 1×1.

    b) De forma global, ocupando-se da execução motora e da compreensão técnica, especialmente a partir do jogo 1×1.

    c) De forma global, sem se ocupar da execução motora, mas ocupando-se da compreensão tática, especialmente a partir do jogo 1×1.

d) De forma global, sem se ocupar da execução motora, mas ocupando-se da compreensão tática, especialmente a partir do jogo 2×2.

e) De forma global, sem se ocupar da execução motora, mas ocupando-se da compreensão tática, especialmente a partir do jogo 3×3.

3. Qual das alternativas a seguir apresenta elementos que diferenciam a etapa de iniciação da fase de aprendizagem do handebol, que se dá entre os 12 e 14 anos?

a) Incremento dos elementos técnicos mais complexos, como fintas e arremessos com queda e salto, sem envolver situações de jogo.

b) Incremento dos elementos técnicos mais complexos, como fintas e arremessos com queda e salto, limitando sua utilização a alguns momentos do jogo.

c) Incremento dos elementos técnicos mais complexos, como fintas e arremessos com queda e salto, limitando sua utilização apenas aos pivôs e pontas.

d) Incremento dos elementos técnicos mais complexos, como fintas e arremessos com queda e salto, e incentivo à utilização das habilidades técnicas em situações de jogo.

e) Incremento dos elementos técnicos mais complexos, como fintas e arremessos com queda e salto, apenas dentro da área de 9 metros.

4. Qual ideia deve ser implementadas na etapa de especialização do handebol, que ocorre entre 15 e 16 anos?

a) Deve-se promover a especialização em uma posição específica na qual o jogador possa atuar durante toda a partida.

b) Ainda não se deve promover a especialização em uma posição específica, e sim um rodízio entre os postos.

c) Deve-se promover exercícios técnicos diferenciados para cada posição, separando os jogadores em grupos específicos.

d) As regras devem ser aplicadas com adaptações em relação ao manejo de bola e a comportamentos contra os adversários.

e) As competições oficiais devem acontecer no formato de festivais, sem grandes exigências de desempenho.

5. Relacione as metodologias de ensino do handebol às suas respectivas características:

    I. Tradicional

    II. Série de jogos

    III. Educação esportiva (*sport education*)

    IV. *Teaching Games for Understanding* (TGfU)

( ) Fragmenta o conteúdo do jogo em exercícios para desenvolver a técnica (modo de fazer) separada da tática (porque fazer).

( ) Propõe uma sucessão de torneios (1×1; 2×2; 3×3; 4×4) para desenvolver a aprendizagem e o entusiasmo pelo esporte.

( ) Caracteriza sua prática pelo aspecto coletivo, partindo do todo para chegar ao elemento específico.

( ) Foca no desenvolvimento da capacidade de jogo, subordinando o ensino da técnica à compreensão tática e possibilitando a aquisição de um saber adaptado às situações imprevisíveis.

Agora, indique a alternativa que apresenta a sequência correta:

a) II, I, IV, III.

b) III, II, I, IV.

c) I, II, IV, III.

d) II, IV, I, III.

e) I, III, II, IV.

▪ Atividades de aprendizagem

Questões para reflexão

1. Diferencie o processo de ensino dos elementos tático-técnicos individuais entre as etapas de iniciação e aprendizagem específica.

2. Em sua opinião, quais metodologias seriam mais adequadas para o ensino do handebol na etapa de iniciação?

Atividade aplicada: prática

1. Elabore diferentes tarefas de treino para o ensino do handebol conforme os pressupostos do modelo de ensino de competências nos jogos de invasão. Crie ao menos uma tarefa básica de jogo, três formas parciais e cinco tarefas baseadas no jogo.

Capítulo 4

Aspectos técnicos do jogo de handebol: habilidades específicas e preparação física

José Carlos Mendes

Neste capítulo, abordaremos os elementos tático-técnicos individuais de ataque e de defesa e, de maneira pormenorizada, os elementos tático-técnicos individuais do goleiro. Além disso, apontaremos algumas diretrizes para o aprendizado e o desenvolvimento desses elementos e os princípios da preparação física aplicada ao handebol.

4.1 Elementos tático-técnicos individuais de ataque

A **posição de base ofensiva** (Figura 4.1) é a disposição corporal que o jogador deve adotar antecipadamente para facilitar suas futuras intervenções, descrita como "a colocação ideal de todos os segmentos corporais para as intervenções posteriores" (Antón García, 1990, p. 44, tradução nossa). Nessa posição, os jogadores devem manter uma postura equilibrada, com a cabeça erguida e o tronco levemente flexionado para frente, pernas levemente flexionadas e pés afastados (largura dos ombros) de maneira assimétrica, mantendo os braços semiflexionados e ligeiramente separados e à frente do tronco nas possíveis direções de recepção.

Figura 4.1 Posição básica ofensiva

Eduardo Borges

Os **deslocamentos sem bola** correspondem às formas como o jogador se movimenta no campo de jogo sem a posse de bola, com o objetivo de ocupar espaços úteis para receber a bola em condições favoráveis para dar continuidade ao jogo (passe, finta ou arremesso). Nessas ações, os jogadores devem manter a cabeça erguida e a com o máximo campo visual possível, o tronco deve ser ligeiramente inclinado na direção dos deslocamentos e o posicionamento das pernas varia em função dos tipos de deslocamento (para frente, para trás ou lateral). Entretanto, os pés nunca podem se tocar ou perder totalmente o contato com o solo. Os braços ficam semiflexionados, ligeiramente separados e à frente do tronco nas possíveis direções de recepção (Aguilar, 2014).

A **posse e a manipulação da bola** consistem na maneira básica de como o jogador segura e realiza gestos com a bola, ou seja, trata-se da forma gestual específica utilizada para manipular a bola no jogo de handebol (Aguilar, 2014). Tais ações são consideradas os elementos fundamentais para usar adequadamente os outros elementos técnicos individuais do ataque. Assim, o jogador deve conseguir adaptar a bola às mãos naturalmente e segurá-la com firmeza, sem rigidez e sem que a bola toque na palma da mão. Além disso, ele também não deve olhar continuamente para a bola, pois isso atrapalha a predisposição adequada para as ações posteriores necessárias ao jogo.

A **recepção da bola** se refere a um elemento que estabelece a relação de cooperação entre os jogadores da mesma equipe, sendo que falhas em relação a esse aspecto aumentam a dificuldade de dar continuidade às ações no jogo. Em conjunto com o passe, a recepção é tida como fundamental para o desenvolvimento dos elementos técnicos seguintes. Isso porque um domínio pleno das ações de recepção permite maiores possibilidades de êxito nas intervenções posteriores (Greco; Romero, 2011).

Portanto, cabe ao jogador, independentemente da posição corporal, oferecer as melhores possibilidades de recepção para garantir a posse e o posterior controle da bola. Ainda, os potenciais receptores não devem olhar continuamente para o jogador com a posse da bola, e é aconselhável que o contato visual com a bola não seja perdido momentos antes de controlá-la. Em situações com adversários próximos, o receptor do passe deve defender a posse de bola com o corpo, afastando-a do adversário no momento da recepção (Aguilar, 2014). As trajetórias, a altura e os tipos de passes, como também os posicionamentos dos jogadores e suas ações posteriores, são determinantes para a escolha do tipo de recepção mais adequada, sendo esta habitualmente classificada quanto à posição do receptor em: frontal, lateral, diagonal e por detrás; e em relação à altura dos passes em: alta, média, baixa ou com a bola rolando no solo (Aguilar, 2014).

Para realizar recepções com elevado êxito, os jogadores devem estar na posição de base ofensiva adequada, direcionar os braços e estendê-los ao encontro da bola; a palma da mão e os dedos levemente flexionados devem estar voltados para a bola, sendo que os polegares e os indicadores formam a figura de um coração invertido (Figura 4.2). Além disso, o jogador deve manter o maior campo visual possível e realizar a recepção em movimento, para facilitar as ações de continuidade do jogo.

Figura 4.2 Ilustração do posicionamento das mãos para distintas situações de recepção da bola

Eduardo Borges

Entre os jogadores iniciantes, é muito comum ocorrerem erros como: excesso de rigidez nos braços, nas mãos e/ou nos dedos (falta de amortecimento); separação excessiva das mãos (a bola passa entre as mãos); receber a bola parado (quebra de continuidade); orientação inadequada das pernas (interrupção no ritmo do jogo); manter os braços adiantados (totalmente estendidos) ou atrasados (totalmente retraídos) no momento de entrar em contato com a bola.

Os **passes** são as ações mais efetivas do jogo de cooperação entre os jogadores de uma equipe, conceituados como as ações de transferir a bola de um jogador para outro (Czerwinski, 1993). Portanto, o passe é um elemento fundamental no jogo, devido à rapidez com que permite aos jogadores avançarem no campo, além da possibilidade de encontrar um jogador em condições ideias para arremessar ao gol.

Assim, para realizarem bons passes, os jogadores não devem fixar o olhar no possível receptor, com o objetivo de gerar dúvidas nos defensores e dificultar a interceptação dos passes, além de manter a atenção nos demais elementos do jogo (Bárcenas Gonzáles; Román, 1997). Também é necessário ajustar a força aplicada no passe em relação às distâncias dos possíveis receptores, imprimindo maior ou menor velocidade quanto à posição do possível receptor e sua distância do defensor. Os passes devem ser executados com segurança e, como regra geral, direcionados na altura do peito ou do ombro do lado dominante do possível receptor, exceto quando o defensor estiver próximo deste. Nesse caso, é preciso direcionar o passe para o lado contrário de onde se encontra o defensor.

Os passes podem ser classificados em relação: à situação do jogador executor (apoiado ao solo ou em total suspensão); à forma de execução gestual do braço que executa o passe (armado clássico ou passe de ombro, passe de quadril, de pronação, por trás das costas e por trás da cabeça); à trajetória da bola (parabólica, retilínea e quicada); e à distância entre passador e receptor (curta, média e longa). Entretanto, na literatura específica, habitualmente, prioriza-se a descrição da parte gestual na realização dos passes, conforme destacamos no Quadro 4.1 (Aguilar, 2014).

Quadro 4.1 Descrição dos tipos de passes e suas representações gráficas

Tipos de passes	
Armado clássico ou passe de ombro: pode ser frontal ou lateral; o braço executor deve estar mais ou menos posicionado horizontalmente em relação ao solo no prolongamento do ombro; o antebraço deve estar posicionado verticalmente formando um ângulo não inferior a 90° na articulação do cotovelo.	
Passe de quadril: similar ao passe de ombro, mas com maior inclinação do tronco e leve flexão do quadril para o lado executante do passe; o braço e o antebraço devem estar posicionados horizontalmente ao solo, mas na linha da altura do abdômen.	
Pronação: pode ser frontal, lateral ou para trás; o braço deve estar orientado para a frente do corpo e o cotovelo fica levemente flexionado, situando o antebraço na altura do abdômen, devendo-se fazer um movimento de pronação para concretizar o passe.	
Por trás das costas: pode ser frontal ou lateral, sendo que o jogador deve realizar um giro do tronco para o lado do braço executor do passe, girando o braço que controla a bola por detrás do tronco, a fim de imprimir força ao passe.	
Por trás da cabeça: pode ser frontal ou lateral, sendo que o jogador deve realizar um giro do tronco para o lado do braço executor do passe, o qual deve estar na posição de passe de ombro, e este é projetado para trás da cabeça; com um movimento de extensão-flexão do punho, imprime-se força e direção ao passe.	

Eduardo Borges

Há outros aspectos importantes que os jogadores devem considerar para a realização de bons passes, tais como:

- adequar a direção e a altura corretamente e considerar a distância e a velocidade dos companheiros de equipe;
- passar a bola ao companheiro mais bem posicionado (mais próximo do gol oposto ou para os que não têm uma marcação próxima);
- não olhar continuamente para o receptor;
- posicionar mais à frente a perna oposta do braço com o qual o passe será feito (melhor situação de equilíbrio);
- o braço deve estar rente à lateral do corpo e elevado até a altura do ombro, com uma flexão não inferior a 90°;
- a definição da direção da bola é feita pelo movimento de punho;
- o aprendizado deve ser diversificado e variado, inclusive o de dominar passes com ambas as mãos.

Entretanto, durante a realização dos passes, alguns erros são facilmente observados, por exemplo: não coordenar os passos com o gesto de braço e posicionar à frente a perna localizada no lado do braço com o qual o passe será feito; não ter precisão nos passes, pois a flexão do cotovelo é inferior a 90°, ou não usar o corpo (mas apenas o braço) e ter muita rigidez no movimento; olhar continuamente para o receptor; não passar a bola ao jogador mais bem colocado; e não manter um campo visual amplo ao passar.

Por sua vez, os **deslocamentos com bola** correspondem às formas de movimentação do jogador pelo espaço de jogo em posse de bola limitadas pelas regras do jogo. Nessas situações, os jogadores podem optar pela utilização do ciclo de passos (máximo de três passos) ou do drible[1].

---

[1] Drible: ato de impulsionar a bola para o solo de forma contínua sem a sua retenção e com apenas uma das mãos, sendo que, após o ressalto do solo, a bola não pode ultrapassar a altura da cintura do jogador.

O **ciclo de passos** pode ocorrer de diferentes maneiras. Conforme as regras do handebol, um passo ocorre quando:

a. *um jogador que estiver parado com ambos os pés em contato com o solo levanta um pé e o apoia novamente ou move um pé de um lugar ao outro.*

b. *um jogador que estiver tocando o solo somente com um pé, agarra a bola e então toca o solo com o outro pé.*

c. *um jogador que estiver saltando, toca o solo somente com um pé e então salta novamente sobre o mesmo pé ou toca o solo com o outro pé.*

d. *um jogador que estiver saltando toca o solo com ambos os pés simultaneamente e então levanta um pé e o apoia novamente ou move um pé de um lugar para outro.* (IHF, 2022c, p. 18, tradução nossa)

Portanto, o ciclo de passos pode envolver, no máximo, três passos. No entanto, ao longo desse ciclo, o jogador pode driblar a bola e, ao segurá-la novamente, ter a possibilidade de realizar um novo ciclo de passos. Ou seja, apesar das limitações regulamentares, o jogador pode implementar distintos ciclos de passos ao recorrer ao drible. A utilização desse recurso pode se dar em função do limite do ciclo de passos, e o jogador terá espaço livre para continuar o deslocamento, para não infringir a regra dos três segundos de posse de bola ou para manter a posse e controlar o rimo de jogo (Aguilar, 2014).

Para a adequada execução ao driblar, o jogador deve impulsionar a bola com a metade superior da palma da mão e os dedos, em um movimento coordenado do braço e um movimento de flexão-extensão do punho, sem olhar constantemente para a bola. Além disso, pode dominar distintos tipos de deslocamentos e velocidades e conseguir realizar o drible corretamente tanto com a mão direita quanto com a mão esquerda. Ao driblarem, os jogadores iniciantes, habitualmente, podem cometer erros como: olhar continuamente para bola e perder o campo visual dos outros elementos do jogo; efetuar movimentos descoordenados no ressalto da bola e perder o controle dela; driblar demasiadamente e não passar a bola ao companheiro mais bem colocado; iniciar o drible antes do ciclo de passos.

Os **arremessos** consistem nas ações de impulsionar a bola para o gol com o claro objetivo de superar o goleiro e marcar um gol. Nesse sentido, a ideia principal do jogo ofensivo é criar as situações mais adequadas possíveis para que os arremessos tenham elevado percentual de êxito.

Os arremessos devem ser realizados pelos jogadores em situações favoráveis, ou seja, com trajetórias livres, as quais podem surgir em diferentes cenários: não há defensor entre o atacante e o goleiro; há defensores à frente, mas alguns espaços estão livres; mesmo com o defensor à frente, o atacante consegue encontrar uma trajetória livre para realizar o arremesso – Figura 4.3 (Bárcenas; Román, 1997).

Figura 4.3 Ilustrações das possíveis situações para a realização de arremessos

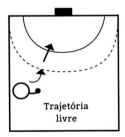
Trajetória livre

Defensores próximos

Defensores na frente

Os arremessos são classificados por distintos critérios, sendo os mais comuns a situação de apoio do atacante e o tipo de gesto do braço na realização do arremesso. Em relação à situação de apoio, os arremessos são classificados assim: em apoio (pés em contato com o solo); em suspensão (pés sem contato com o solo e o movimento de impulso, fundamentalmente para ganhar altura); e no salto (pés sem contato com o solo e o movimento de impulso, fundamentalmente para ganhar altura e distância, muitas vezes ocupando o espaço aéreo da área de gol). Por sua vez, quanto ao tipo de gesto, são classificados em: armado clássico ou de ombro; de quadril; e retificado. Também, existem os arremessos de habilidade, como vaselina, rosca, *topspin*, entre outros (Aguilar, 2014). Além dessas classificações, podem ser encontradas classificações de arremessos com ou sem queda e em relação à altura de direção da bola (alto, médio e baixo) – Quadro 4.1.

Para a realização de um arremesso com qualidade, o jogador precisa encontrar o equilíbrio entre força e precisão (quanto mais longe, mais forte e mais preciso). Todavia, o arremesso deve ser o mais rápido possível, com torção e distorção do tronco maiores do que no passe e o braço projetado mais para trás. Para tanto, é necessário segurar a bola com firmeza, pois o punho será o transmissor do impulso da força de todo o corpo ao arremessar. No caso dos arremessos em apoio, é ideal que a perna oposta ao braço do arremesso seja trazida para frente (para conseguir um arremesso equilibrado).

Os jogadores iniciantes poderão ter dificuldades nessas ações, a exemplo da falta de precisão nos arremessos devido ao punho rígido ou do desequilíbrio no arremesso (levar à frente a perna do mesmo lado do braço que fará o arremesso); durante o arremesso em suspensão ou no salto, preocupar-se mais com a queda do que com o arremesso, além de dificuldades relacionadas à aplicação da força e à impulsão débil, bem como às escolhas inadequadas de situações de arremesso (na presença de adversários, ou de adversários e goleiro, no posicionamento dos companheiros, distância e ângulo etc.).

Quadro 4.2 Ilustrações dos tipos de arremessos

Tipos de arremessos	
Armado clássico ou de ombro 	**Quadril** 
Retificado 	**Vaselina** 
Rosca 	*Topspin* 

Eduardo Borges

As **fintas** são as ações que o jogador realiza em posse de bola à frente do defensor com o intuito de enganá-lo ou de desequilibrá-lo para uma direção contrária à qual deseja realmente avançar, com o objetivo de penetrar a área de gol para um arremesso no salto, fixar o defensor em determinado espaço para gerar maiores espaços livres aos companheiros ou desequilibrar o defensor e forçar outro defensor a fazer a cobertura e, assim, dar continuidade ao jogo para que um companheiro de equipe possa usufruir do espaço livre. Para realizar fintas com êxito, os jogadores devem seguir alguns princípios fundamentais:

- o gesto para enganar o adversário deve ser objetivo e gerar perigo para o defensor; caso contrário, o adversário não se desequilibrará;
- a finta deve surpreender o adversário, razão pela qual é importante aprender fintas diferentes, inclusive em ambos os lados;
- para executarem as fintas corretamente, os jogadores necessitam ter amplo domínio sobre as mudanças de direção e de ritmo no jogo;
- ao executar a finta, o atacante deve estar a aproximadamente um metro de distância do defensor; caso esteja mais perto, este conseguirá marcá-lo; e se estiver mais longe, será mais difícil enganar ou desequilibrar o defensor (Figura 4.4);
- é fundamental manter a bola bem protegida durante a finta e ter um amplo campo de visão para dar continuidade às ações de jogo.

Figura 4.4 Ilustrações das possíveis distâncias dos atacantes durante a realização de fintas

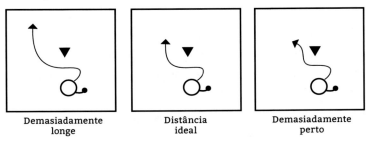

Em geral, as fintas são classificadas como de arremesso, de passe e de deslocamentos. Entretanto, alguns autores (Aguilar, 2014; Antón García, 1990; Antúnez Medina; Ureña Ortín, 2002) estabeleceram outros critérios relacionados aos deslocamentos do jogador para classificar as fintas da seguinte forma: de acordo com o momento do passo zero[2] (contato com dois pés, contato com um pé, em suspensão e queda com pés alternados, em suspensão e queda com pés simultâneos); orientação prévia do atacante (de frente, de lado ou de costas para o defensor); número de mudanças de direção (simples – uma mudança de direção – ou composta – duas mudanças de direção); e em relação à trajetória da finta (lado forte – saída para o lado do braço de arremesso – ou lado fraco – saída para o lado contrário do braço de arremesso, conforme Figura 4.5.

Nesse sentido, a realização de uma finta ocorre em três fases distintas: deslocamento ou ação falsos (primeira trajetória ou ação que o atacante realiza para desequilibrar o defensor); parada brusca (modificar a direção ao fixar a perna desejada e flexionar levemente o tronco); e saída (momento de desequilíbrio do defensor, no qual o atacante escolhe suas possibilidades de arremesso ou penetração o mais rápido possível) (Aguilar, 2014).

---

[2] Passo zero: é o primeiro ponto de apoio que o jogador tem, com qualquer parte do seu corpo, no campo de jogo após receber a bola.

Os jogadores iniciantes podem apresentar muitas dificuldades na sincronização dessas fases, bem como não serem capazes de imprimir velocidade às ações e aos deslocamentos, sendo comuns os seguintes erros: gesto ou deslocamentos iniciais que não geram perigo ao defensor; falta de proteção da bola; a segunda fase se dá lentamente; frequentemente, a mesma finta ou o ajuste de distância são inadequados.

Figura 4.5 Ilustrações das trajetórias (lado forte/lado fraco) dos atacantes durante a realização de fintas

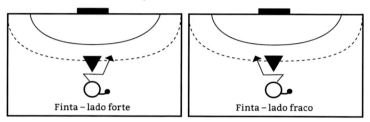

Além das fintas, para enganar os defensores, os atacantes podem executar ações com a bola denominadas **desmarques** (Figura 4.6), com os objetivos de evitar ou reduzir as ações dos defensores, superá-los para obter superioridade numérica ou ocupar espaços livres ótimos para receber a bola em condições de dar continuidade ao jogo.

Figura 4.6 Ilustrações dos tipos de desmarques utilizados pelos jogadores

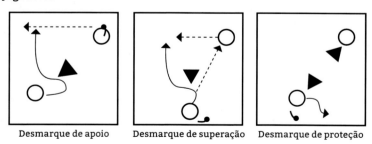

Os desmarques, conforme destaca a Figura 4.6, podem ser realizados com a posse de bola ou não, sendo classificados em: desmarque de apoio, no qual o atacante sem a posse da bola ilude o defensor para servir de apoio ao companheiro com a bola; desmarque de superação, quando o atacante em posse de bola faz um passe e supera seu oponente direto em profundidade para receber a bola; e desmarque de proteção, quando o atacante em posse da bola não consegue passá-la aos companheiros e precisa protegê-la sem infringir as regras do jogo (Antúnez Medina; Ureña Ortín, 2002).

4.2 Elementos tático-técnicos individuais de defesa

A **posição básica defensiva** corresponde à postura ou posição adotada pelo defensor antes ou depois de executar ações defensivas, com o objetivo de manter uma predisposição que possibilite defender as ações dos atacantes. Por vezes, as ações defensivas são decorrentes de reações aos atacantes, e o tempo gasto nessas intervenções é muito reduzido. Portanto, o jogador deve adotar uma postura equilibrada, com a cabeça ereta e o tronco ligeiramente flexionado para a frente, pés afastados a uma distância pouco maior que a largura dos ombros e joelhos semiflexionados, enquanto os braços devem estar ligeiramente separados do tronco e semiflexionados, com as palmas das mãos abertas (Figura 4.7).

Figura 4.7 Defensor na posição básica defensiva

Além das características anteriores, o êxito na posição básica defensiva depende de uma postura natural e equilibrada, ou seja, de uma distribuição equilibrada do peso corporal sobre ambos os pés, mas sem rigidez ou demasiada tensão. Os jogadores devem manter a atenção em todos os momentos e sempre ter uma perna à frente, protegendo a parte central da quadra (Antúnez Medina; Ureña Ortín, 2002).

A **marcação** consiste na ação individual do defensor para responder às ações ofensivas de um atacante (par) por meio de distintos deslocamentos, a partir da posição básica defensiva, com os claros objetivos de impedir a progressão do adversário sem a bola, evitar ou bloquear o arremesso ao gol, interceptar passes e recuperar a bola. Para ter êxito em tais ações, os defensores precisam ter uma posição básica equilibrada que lhes permita se antecipar às ações do adversário. Isto é, como informado, as ações defensivas devem ser antecipativas, e não reativas. Outro aspecto fundamental é estudar as características do oponente e manter um campo visual amplo (Antúnez Medina; Ureña Ortín, 2002; Greco; Romero, 2011).

A marcação é classificada em relação à:

- distância entre defensor e atacante: marcação a distância ou marcação em proximidade;
- posse ou não da bola: marcação do atacante com bola e marcação do atacante sem bola;
- posição entre defensor e atacante: marcação de frente e marcação de costas;

Há, ainda, uma forma de marcação indireta, denominada *marcação em linha de passe*, na qual o defensor se coloca entre as linhas de passes do atacante em posse de bola e seus possíveis receptores (Figura 4.8).

Figura 4.8 Ilustrações dos tipos de marcação que o defensor pode exercer sobre os atacantes

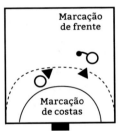

Nas situações de **marcação a distância**, o defensor não realiza uma intervenção decisiva sobre um oponente direto sem a posse da bola, ou seja, quando o atacante está distante da área de gol e com poucas possibilidades de receber a bola. Todavia, o defensor deve manter o controle visual direto sobre o oponente, sempre se posicionando entre este e a trave. Caso o oponente mude seu posicionamento, o defensor também precisará realizar deslocamentos (laterais, deslizantes, frontais) mediante impulsos curtos e rápidos, sem produzir fases de suspensão, e que permitam maior contato com o solo (Greco; Romero, 2011).

Nas situações de **marcação por proximidade**, com o adversário distante da área de gol e sem a posse de bola, o defensor deve se situar entre o oponente direto e a trave (gol) com predisposição para ir até a zona em que se encontra a bola (independentemente de o atacante ser destro ou canhoto); com o oponente em deslocamento, o defensor deve se situar entre o oponente e a trave (gol) e acompanhá-lo em posição de base defensiva, fazendo a trajetória mais oportuna em função do oponente, preferencialmente com um dos braços na possível linha de passe; e diante do oponente sem bola posicionado na linha da área de gol, o defensor deve se situar entre ele e a bola (linha de passe), em uma posição assimétrica de pernas, e a perna mais atrás próxima à linha de 6 metros, para evitar deslocamentos, estabelecendo um controle físico com uma mão (assegurar o controle sobre oponente) e marcando a linha de passe com a outra (Aguilar, 2014).

Em relação às situações de **marcação por proximidade**, tendo o oponente a posse de bola, o defensor deve se situar entre o oponente e a trave (gol), assumindo uma posição assimétrica de pernas, sendo a mais adiantada correspondente ao braço de arremesso do atacante, e o braço que corresponde ao braço de arremesso do oponente deve estar projetado, para reduzir as possibilidades do adversário, enquanto a outra mão faz o controle corporal na zona abdominal do oponente (mãos abertas).

Os **bloqueios de arremessos** são ações nas quais os defensores posicionam os braços na trajetória da bola arremessada, para impedir o gol ou como forma de referência para o goleiro se orientar quanto às possíveis direções dos arremessos. Assim, os defensores devem posicionar os braços, ou apenas um braço, em razão dos tipos de arremessos, colocando-os na direção da bola no último momento, para que o atacante não execute outra ação; em situações de arremessos em suspensão, o defensor deve executar o movimento logo após o salto do oponente.

Os bloqueios são classificados (Figura 4.9) em virtude da altura dos arremessos (alto, lateral e baixo) e do contexto do arremessador, em apoio nas situações de arremessos em contato com o solo e em salto diante de arremessos em suspensão (Greco; Romero, 2011).

Figura 4.9 Ilustrações dos tipos de bloqueios de arremessos de acordo com a direção e a altura da bola

Eduardo Borges

Em certos cenários de marcação por proximidade do atacante sem a posse de bola e/ou na marcação de linha de passe, o defensor, por vezes, consegue cortar a trajetória de um passe em determinado espaço vazio, atuando entre o atacante com a posse da bola e o possível receptor (**interceptação da bola**) (Greco; Romero, 2011). Esse gesto técnico exige que o defensor tenha um bom domínio do princípio defensivo de "antecipação", com uma elevada capacidade perceptiva para detectar a trajetória da bola e ótima noção espaço-temporal para realizar os deslocamentos e interceptar a bola o mais próximo do possível receptor, pois, em caso de erro, será possível manter o oponente sob controle mediante a marcação por proximidade.

Por outro lado, em alguns contextos de marcação por proximidade do atacante em de posse de bola, surgem oportunidades de **roubar a bola**. Tais ações são possíveis quando o oponente realiza ações de drible continuamente pelo campo de jogo, momentos em que os defensores oportunistas interceptam a bola quando em trajetória descendente, uma vez que, nesse caso, há mais tempo para o toque e posterior controle. Entretanto, para roubar a bola, o defensor não pode infringir as regras do jogo, ou seja, pode-se tirar a bola do adversário somente de mão aberta e sem violência.

4.3 Diretrizes para o aprendizado e o desenvolvimento dos aspectos tático-técnicos individuais do handebol

A escolha por determinado método ou modelo de ensino é fundamental para o ensino-aprendizagem-treinamento (EAT) de qualquer modalidade esportiva, a fim de facilitar o ensino e de preparar o praticante para os treinos. Quanto ao handebol, o principal deve ser sempre de ordem tática, isto é, ensinar o "saber o que fazer" para resolver as situações impostas pela partida e, em seguida, o "como fazer", que envolve a solução e a utilização da resposta motora mais adequada (Garganta, 2000).

Nesse sentido, os elementos tático-técnicos individuais devem ser compreendidos como modelos de execução biomecânicos mais ou menos formalizados e com elevada complexidade, os quais formam o repertório de destrezas e habilidades do executante e que se adaptam ao papel desempenhado pelo jogador, permitindo-lhe sanar operativamente os problemas que surgem em diferentes cenários. Assim, compreende-se o aprendizado dos elementos tático-técnicos individuais como um complexo processo de domínio e aplicação, ou seja, não se trata apenas de uma repetição mecânica de vários gestos descontextualizados. Isso porque a verdadeira dimensão desses elementos está alicerçada na sua utilização para se sair bem nos contextos adversos ao longo do jogo.

No processo de EAT do handebol, é necessário, sobretudo, desenvolver nos praticantes uma disponibilidade motriz e cognitiva que transcenda amplamente a simples automatização de gestos, centrando-se na assimilação de regras, ações e princípios de gestão de espaço de jogo como uma forma de comunicação e contracomunicação entre os jogadores. Logo, os métodos diretivos não são viáveis para esse contexto, por conta da unidimensionalidade da técnica. Além disso, muitos estudos enfatizam os modelos alternativos como alternativas viáveis para tal processo, já que a ênfase recai no pensamento tático dos jogadores, mediante exigências de elevada interação entre os elementos técnicos necessários para solucionar os problemas propostos em cada situação de jogo (García Herrero; Ruiz Pérez, 2003; Garganta et al., 2013).

Os modelos alternativos enfatizam que o EAT deve apresentar uma estreita relação com o esporte. Isto é, trata-se de oportunizar a aprendizagem de ações semelhantes às executadas no jogo e que possam desenvolver nos praticantes a competência necessária para que transcendam a execução propriamente dita e foquem na assimilação de ações e princípios do jogo, respectivamente. Os modelos alternativos, inicialmente, propõem a construção do pensamento tático em relação com os elementos técnicos necessários.

Na prática das atividades estruturadas nos modelos alternativos, devem ser maiores as exigências relacionadas aos aspectos cognitivos dos praticantes. Ou seja, trata-se de incluir contextos reais a partir dos conceitos táticos básicos do esporte em questão. Nesse sentido, é preciso proporcionar aos jogadores o aprendizado dos elementos técnicos e dos procedimentos táticos, para que sejam utilizados em cenários similares aos da modalidade. Com efeito, promove-se uma aprendizagem que considera a compreensão do significado funcional do que está em questão. Outro aspecto importante se refere à possibilidade de alterar as regras para atender às características individuais e do grupo, além da recorrência ao ensino por meio da descoberta dirigida ou da resolução de problemas, em que a prioridade volta-se aos processos de percepção e tomada de decisão.

Como comentamos, têm surgido novos estudos que buscam estabelecer novas metodologias de EAT no esporte, principalmente nos JECs, como alternativas viáveis que respeitam as características dos praticantes, bem como propostas direcionadas à formação esportiva para o desenvolvimento não só competitivo, mas também cognitivo e social.

4.4 Elementos tático-técnicos individuais: o goleiro

Os goleiros são imprescindíveis para o handebol, pois a posição que ocupam é a que demanda o maior nível de especialização motora. Além das exigências físicas, esses jogadores precisam ter habilidades mentais essenciais, como coragem, bravura, autocontrole, concentração e autoconfiança para lidar com o estresse que os acompanha o tempo todo. A princípio, para realizarem seu papel adequadamente, desde que posicionados na área de gol, os goleiros devem usar todo o corpo (mãos, pernas e tronco) com a intenção de evitar que a bola ultrapasse a linha de gol, além, obviamente, de respeitar as regras do esporte.

Para atuar durante o jogo, assim como os jogadores de linha (ataque e defesa), os goleiros precisam adotar uma posição básica. Entretanto, essa posição tem caráter específico, pois exige que eles se mantenham em constante deslocamento para acompanhar a circulação da bola. Trata-se de partir de uma posição básica e de se deslocar de modo que, nos momentos de finalização da primeira linha ofensiva, estejam posicionados com o corpo na linha do braço do atacante formando uma bissetriz em um triângulo. Por sua vez, diante de finalizações da segunda linha ofensiva, a posição adotada deve corresponder a uma bissetriz em relação ao corpo do atacante (Figura 4.10).

Figura 4.10 Posicionamentos do goleiro em relação à situação dos arremessos (1ª ou 2ª linhas ofensivas)

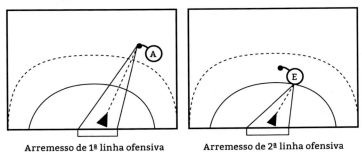

Arremesso de 1ª linha ofensiva   Arremesso de 2ª linha ofensiva

Em relação à situação mencionada, para auxiliar na efetividade do goleiro, é preciso compreender que os defensores também têm a responsabilidade de defender um dos lados do gol (o que convencionalmente se denomina *canto longo*), enquanto o goleiro se encarrega da defesa da bola arremessada no canto curto (Figura 4.11).

Figura 4.11 Posicionamentos do goleiro e do defensor em relação à situação dos arremessos (1ª ou 2ª linhas ofensivas)

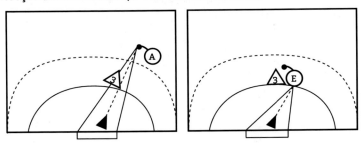

Essa distribuição de responsabilidades também precisa ser respeitada em contextos de finalizações de segunda linha ofensiva, especialmente nas quais o atacante em condições de finalização ocupa a posição de pivô. Assim, o defensor deve cobrir o canto longo e impedir que o oponente consiga girar para arremessar do lado forte. Além disso, goleiro e defensores podem adotar estratégias distintas quanto às características dos atacantes.

Por exemplo, ao enfrentar uma equipe que conta com um armador direito destro, o goleiro pode ficar responsável pelo canto longo, e o defensor, pelo canto curto, pois o goleiro deve, necessariamente, focar em defender o canto de maior incidência de arremessos.

Para assumir a **posição básica** (Figura 4.12) em diferentes cenários, habitualmente, o goleiro deve manter os braços abertos e as mãos na mesma linha, com os braços posicionados ao nível dos ombros. Os pés devem estar paralelos e afastados um pouco mais que a largura dos quadris, os calcanhares não devem tocar o solo e as pernas devem estar levemente flexionadas. Os cotovelos podem estar à frente ou atrás dos ombros, e as mãos, na mesma linha ou acima do nível do ombro, mantendo o tronco ereto e a cabeça erguida para visualizar todo o campo de jogo.

Figura 4.12 Posição básica habitual utilizada pelos goleiros ante distintas situações de arremessos

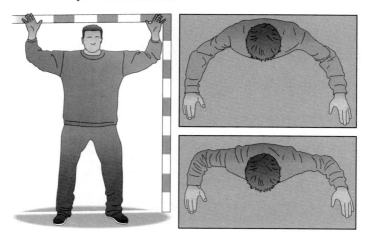

A posição básica deve ser assumida diante da possibilidade de serem feitas finalizações frontais. Mas, no contexto de finalizações que partem das pontas, o goleiro deve se deslocar em direção à trave lateral do gol, erguendo o braço correspondente até a

altura do travessão, com o cotovelo posicionado o mais próximo possível do poste na altura de sua cabeça e flexionado, de maneira que o antebraço e a mão protejam a área acima da cabeça. O pé mais próximo do poste, assim como o quadril, o tronco e a mão, devem ser mantidos acima da cabeça, pois se torna praticamente impossível que a bola passe entre ele e a trave, enquanto o outro braço deve estar acima ou abaixo dos ombros (Figura 4.13).

Figura 4.13 Posição básica habitual utilizada pelos goleiros ante os arremessos das pontas

Eduardo Borges

Em relação às finalizações que partem das pontas da quadra, muitas vezes o goleiro deve se deslocar para a frente e seguir a trajetória de salto do atacante, com o intuito de diminuir o ângulo dos arremessos. Nesse caso, porém, é necessário assumir uma posição que impeça possibilidades de arremessos do lado do poste mais próximo do oponente. Para tanto, o goleiro deve dar um passo à frente com a perna do lado do poste mais próximo e na direção em que o adversário realizará o último passo antes da impulsão.

Caso o goleiro avance com a perna mais distante da trave, o canto próximo ao lado do poste possibilitará boas chances de arremessos (Figura 4.14).

Figura 4.14 Posicionamentos dos goleiros frente aos arremessos das pontas em distintas situações de amplitude do atacante

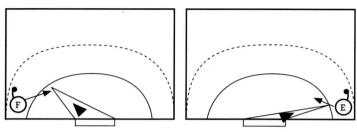

Para acompanhar a circulação da bola, o goleiro deve realizar deslocamentos em forma de semicírculo à frente do gol, mantendo a posição básica adotada e com predisposição para antecipar as possíveis trajetórias da bola. Ou seja, trata-se de se posicionar na bissetriz mais adequada em relação às possibilidades de arremessos de 1ª ou 2ª linhas ofensivas. Os deslocamentos devem ser realizados com passos curtos (pé a pé) e sem perder o contato com o solo, mantendo uma amplitude de pernas pouco superior à largura dos ombros. Goleiros muitos altos costumam não se deslocar em forma de semicírculo, mas sim em linha reta à frente do gol.

De todo modo, há diversas maneiras de os goleiros se deslocarem, em virtude de suas condições físicas e de seu temperamento (Figura 4.15).

Figura 4.15 Distintas formas de deslocamento dos goleiros perante o gol

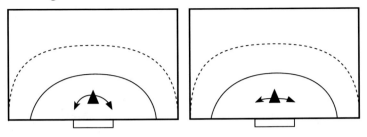

Para defender os arremessos, os goleiros realizam: ações para segurar a bola com ambas as mãos muito similares às recepções; ações de amortecimento, a fim de parar a bola muito próximo ao seu corpo e nos limites da área de gol, para dar prosseguimento ao jogo; e ações de rebater, nas quais, apesar de interceptar a trajetória da bola, não consegue mantê-la sobre controle. Independentemente dessas ações, em função da técnica escolhida e da direção da bola, o goleiro pode utilizar um ou os dois braços, o tronco, uma ou as duas pernas, uma perna e um braço ou os dois braços e uma perna. Essas ações são distintas considerando-se arremessos de 1ª ou 2ª linhas ofensivas.

Quanto aos arremessos de 1ª linha ofensiva, tidos como os arremessos mais potentes, é comum observar goleiros que recorrem a diferentes técnicas para um mesmo tipo de situação. Por exemplo, para defender a bola nos cantos superiores, alguns usam as duas mãos, com o objetivo de retê-la em definitivo, enquanto outros utilizam apenas uma mão (Figura 4.16). Todavia, a melhor e mais segura maneira de salvar bolas altas é bloquear com as duas mãos.

Figura 4.16 Técnicas de defesas dos goleiros para bolas nos cantos superiores

A execução dessas técnicas demanda que os goleiros impulsionem o corpo com a perna oposta ao lado da bola o mais rápido e enérgico possível e erguer a perna do lado da bola em uma ação eficiente, com o joelho aberto e levemente levantado na direção da bola, possibilitando elevar os ombros a um nível mais alto, bem como proporcionando maior amplitude do corpo. Nas ações de defesa com ambas as mãos, o braço do lado da bola, determinante para a eficácia da ação, deve ser mantido completamente reto, sendo comum ser levemente flexionado no cotovelo no início da ação, enquanto o outro braço deve estar ligeiramente flexionado no cotovelo, juntando-se ao braço do lado da bola, à frente do rosto.

Nas defesas de bolas nos cantos inferiores, o goleiro pode adotar duas técnicas: a **defesa com queda ou espacato**, na qual se realiza uma extensão total da perna do lado da bola, enquanto a outra é flexionada até um ângulo de 90°, e o goleiro praticamente cai sentado no solo. Por sua vez, goleiros que têm elevados níveis de mobilidade articular na região do quadril realizam uma abertura total de pernas (180°) na direção da bola. Essa defesa também é denominada *defesa sueca*, por ser comum entre os excelentes goleiros suecos (Figura 4.17).

Figura 4.17 Ilustrações de formas de defesas queda/espacato e sueca nos cantos inferiores

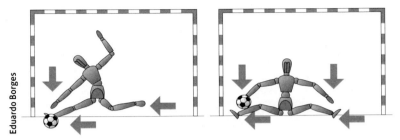

Além dessas possibilidades de defesa nos cantos inferiores, ações muitos semelhantes podem ser tomadas para defender bolas altas. Contudo, para isso, é preciso flexionar o tronco para o lado da bola (Figura 4.18). O impulso é feito pela perna oposta ao lado da bola, até que esteja totalmente estendida, ao passo que a outra perna deve deslizar flexionada no joelho (90°), com os pés tocando totalmente o solo. A mão do lado da bola deve se manter à frente da perna e se mover ao mesmo tempo na direção da bola, enquanto a outra mão deve ser posicionada na lateral do corpo, um pouco acima da cabeça, para proteger o canto oposto. Como de praxe, é fundamental ter a cabeça sempre erguida, para um excelente campo visual.

Figura 4.18 Defesa nos cantos inferiores, semelhantes às defesas de bolas altas

Eduardo Borges

Para finalizações na 2ª linha ofensiva, ao perceberem a possibilidade de arremesso, os goleiros devem avançar para diminuir o ângulo de finalização. Isso pode ser feito mediante pequenos saltos com as pernas paralelas ou se deslocando à frente passo por passo em direção ao atacante (conforme já explicamos sobre posicionamentos). Ainda, os goleiros normalmente optam por diferentes técnicas de defesas. Por exemplo, alguns conseguem se antecipar aos arremessos fechando totalmente o ângulo de arremesso com uma ou as duas mãos, impulsionando-se a partir da perna contrária ao lado da bola (Figura 4.19).

Figura 4.19 Tipos de defesas realizadas pelos goleiros em situações de finalização de 2ª linha ofensiva

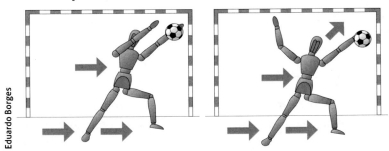

Por seu turno, após avançarem à frente, outros goleiros preferem fechar o possível ângulo de arremesso elevando a perna do lado da bola, em conjunto com o braço e a mão, até a altura da possível direção da bola, depois de tomar um forte impulso com a perna contrária. Também há quem, no exato momento do arremesso, opte por dar um salto e, simultaneamente, abrir pernas e braços, em um movimento similar ao formato da X, a fim de tentar fechar todas as possíveis linhas de arremessos (Figura 4.20).

Figura 4.20 Tipos de defesas realizadas pelos goleiros em situações de finalização de 2ª linha ofensiva

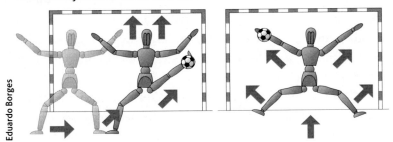

Os goleiros gradativamente aprimoram os tipos de defesas e acabam se tornando mais ou menos eficazes em uma ou outra. Isso ocorre com base em muitos treinos e experiências vivenciadas ao longo da carreira. Ressaltamos, no entanto, que, durante todas as ações de defesa, eles precisam tomar decisões, as quais devem considerar suas habilidades em termos de direção e de técnicas de defesas que lhes proporcionem a maior chance possível de bloquear a bola.

4.5 Preparação física no handebol

O treino esportivo é compreendido como um processo científico e pedagógico que visa aumentar o desempenho mediante a melhora das funções fisiológicas e psicológicas do atleta. Como em qualquer processo, o treinamento implica continuidade ao longo do tempo para modelar tais funções por meio da estimulação e da otimização das capacidades condicionais, coordenativas e cognitivas proporcionadas pelas atividades de treino propostas.

Para elaborar um processo de treino voltado à preparação física no handebol, inicialmente deve-se definir as necessidades funcionais e energéticas específicas para o desenvolvimento do jogo, além de um método de trabalho que vise aprimorar os níveis de força aplicados ao handebol. Nesse caso, há o consenso de que os esforços são caracterizados como intermitentes (Souza et al., 2006), variando entre momentos com maior intensidade (por exemplo, em situações de contra-ataque) e de menor intensidade (como em cenários de reorganização do ataque posicional, especialmente quando ocorrem as substituições dos jogadores especialistas de ataque).

Os momentos de maior intensidade são mais perceptíveis durante a partida em situações nas quais há um espaço delimitado para as ações de jogo. Nesse contexto, é pertinente promover variadas ações de aceleração e desaceleração, com constantes mudanças de direções e paradas bruscas (Eleno; Barela; Kokubun, 2002). Assim, durante um jogo de handebol, a predominância de esforços intensos exige maior prontidão dos atletas para que façam a ressíntese de ATP (adenosina trifosfato) proveniente do sistema metabólico anaeróbio, quer seja este anaeróbio alático ou lático. Embora se presuma que a relação entre a intensidade dos exercícios (alta ou baixa) e os sistemas energéticos é comandada pelo sistema cardiorrespiratório, há indícios de que ela se baseia em características bioquímicas energéticas (Powers; Howley, 2000).

Sob essa perspectiva, a fim de servir como suporte para as necessidades do handebol, um treino de preparação física deve ter como objetivo aumentar o desempenho do jogador, para que este possa realizar ações decisivas com grande intensidade e aprimorar seus sistemas de recuperação, a fim de sempre se manter atuando em alta intensidade. Nesses casos, como já explicamos, o sucessivo revezamento de esforço e recuperação ao longo de uma partida se assemelha muito ao princípio básico do treino intermitente. Isso porque, durante os exercícios intermitentes, comumente são promovidos diversos estímulos submáximos alternados, mediados por períodos ativos de intervalo, que são considerados essenciais para promover uma recuperação parcial (como nos jogos de handebol).

Desse modo, há maior êxito na ressíntese de energia pelas três vias metabólicas de produção de energia (ATP-CP, glicolítica e aeróbia), o que ocorre simultaneamente durante a atividade, a depender da intensidade do exercício e da combinação entre esforço e pausa, com a possibilidade de sobrecarregar um mecanismo em relação a outros (Eleno; Barela; Kokubun, 2002). Entretanto, no handebol, um treino intermitente deve fomentar frequentes cargas de alta intensidade e ações moderadas, para que os jogadores possam se recuperar adequadamente considerando o ritmo da partida.

Diferentes estudos (Hernández Cruz, 2012; Karcher; Buchheit, 2014) apontam que a frequência cardíaca (FC) de um jogador de handebol fica acima dos 170 batimentos por minuto (bpm) entre 50 e 70% do jogo, podendo variar a depender das posições desempenhadas. Esse cenário exige que os jogadores pratiquem e se mantenham com valores próximos ao limite anaeróbico. Portanto, mesmo em tarefas de treino intermitente para o desenvolvimento da resistência aeróbica, o foco deve residir nas capacidades de recuperação pós-ações explosivas e de realização de tais ações ainda que em fadiga.

Além disso, pelas características do jogo de handebol, também devem ser implementadas tarefas que estimulem os três tipos de velocidade predominantes: tempo de reação (ou velocidade de resposta) a determinados estímulos; velocidade gestual (ou segmentar), como a capacidade de fazer gestos técnicos com a maior agilidade possível; e velocidade para percorrer distâncias curtas.

Nesse sentido, em geral, são sugeridas tarefas de treino em contextos de jogo reduzido, denominadas *small-sided games* (SSGs), consideradas excelentes para melhorar a condição física e as habilidades técnicas e de tomada de decisão, além de possibilitar, inclusive, um aprimoramento no aspecto tático.

Ao longo da prática dos SSGs, muitas variáveis podem alterar as exigências da carga de treino, tais como a área de jogo (para aumentar ou diminuir), o número de jogadores, o estímulo emitido pelo treinador, o regime ou formato do treino (contínuo *versus* fracionado intermitente), as regras e o uso de goleiros etc., as quais permitem adaptar a tarefa aos objetivos estabelecidos para atingir o desempenho. A principal razão atrelada aos SSGs diz respeito à possibilidade de integrar o treino condicionante a aspectos táticos em condições semelhantes ao jogo em comparação com o treino físico geral, pois, além do desempenho físico, também se promove o aprimoramento de fatores tático-técnicos (Halouani et al., 2014).

Entre as variáveis que podem ser manipuladas nos SSGs, está a duração da tarefa e sua distribuição temporal, que permite a aplicação de diferentes formatos de trabalho, contínuos ou fracionados. Vários estudos, como os de Hill-Haas et al. (2009) e de Casamichana, Castellano e Dellal (2013), apontam que o tempo é a variável mais modificada. Tais autores, em suas pesquisas, utilizaram três diferentes formatos de distribuição de tempo: continuamente, intermitente longo e intermitente curto. A conclusão foi de que o uso contínuo dos SSGs induzia maiores cargas físicas nos jogadores do que os formatos intermitentes.

Das investigações focadas em situações de jogo reduzidas como parte do programa de treinamento no handebol, os estudos de Buchheit et al. (2009) e Iacono et al. (2016) demonstraram a eficácia dos SSGs no desenvolvimento da aptidão física, sendo até preferíveis aos treinos de alta intensidade, por conta de sua ampla especificidade, bem como da inclusão de elementos e ações específicos do handebol. Apesar da relevância na aplicação de tarefas de treino intermitente ou em situações de SSGs para a construção da resistência específica, devido à natureza da modalidade, observa-se que jogadores com maior massa muscular, força útil e potência são aqueles que têm vantagem em determinadas ações de jogo (Gorostiaga et al., 2005).

Nessa perspectiva, também se torna necessário pensar que o handebol exige níveis médios de manifestação da força máxima dinâmica (González; Serna, 2002), em virtude dos seguintes requisitos:

- o corpo é a resistência a vencer, mediante a produção de grandes doses de força em curtos intervalos de tempo;
- a bola é uma resistência leve para superar por meio de ações repetidas;
- há mudanças de direção bruscas, rápidas e contínuas;
- o desempenho é igualmente dependente da força máxima e da força explosiva em cargas de leves a médias.

No handebol, a manifestação específica de força proporciona ações em velocidade e aumenta a capacidade de reproduzir as habilidades, promovendo maior envolvimento no jogo e, de forma mais eficaz, em momentos de fadiga, graças a sua relação direta com cada ação motoras inerente à modalidade (Aguiar et al.,

2012). Portanto, no handebol, a base da preparação física deve ser o aprimoramento da força útil, funcional (e não qualquer manifestação de força), para responder adequadamente aos diferentes contextos de jogo, considerando os aspectos informacionais, situações de oposição/colaboração e a capacidade de praticar os elementos tático-técnicos com mais eficiência (Cometti, 2019).

Para jogadores de handebol, a metodologia proposta para o treinamento de força deve facilitar a transferência para a *performance* esportiva, ou seja, a especificidade dos exercícios sobre as condições de execução de cada ação em competição (Vargas, 1993). A organização dos exercícios para esse treino tem de ser o mais semelhante possível ao gesto competitivo, tanto no de diz respeito à tarefa (recursos do meio ambiente, características da contração muscular, sobrecarga e condições quantitativas) como ao gesto (variações na execução, combinação de movimentos e variações espaciais).

Para o desenho dos exercícios, é essencial considerar o tipo de força que se deseja desenvolver e o método para alcançá-lo. Portanto, não se trata de adquirir força em termos gerais e em qualquer direção, mas sim mediante uma ação concreta e considerando as características das ações do jogo de handebol. Assim, não há sentido em desperdiçar energia e correr riscos de sobrecarga, tampouco realizar exercícios inadequados ou desproporcionais (González; Serna, 2002).

Em relação ao handebol, dadas suas características, o treino deve se basear na melhoria da força explosiva com máxima incidência, dirigida às manifestações de força de deslocamento, salto, lançamento e luta corporal (confronto entre jogadores por espaço).

O desenvolvimento e a manifestação de força podem ocorrer de duas maneiras: a hipertrofia, localmente útil para aprimorar o desempenho muscular de jovens atletas quando não estão competindo (pré-temporada); e a coordenação neuromuscular (intra e intermuscular), caso em que a melhoria dos processos que facilitam a produção de força está diretamente ligada ao recrutamento, à frequência de estímulo, ao tempo e à atividade reflexa do músculo, bem como à redução dos mecanismos inibitórios da máxima tensão muscular (González; Gorostiaga, 1995). Tais situações de treino contribuem para melhorar a sincronização das unidades motoras para cenários nos quais elas precisam funcionar com cargas quase máximas, além de aprimorar a coordenação intermuscular, caso o treino seja combinado com exercícios próximos à técnica específica da modalidade (Cometti, 2019). Além disso, faz-se necessário desenvolver, em pouco tempo, uma força significativa que proporcione a realização de movimentos explosivos com ou sem custos adicionais. Nesse contexto, considera-se que a melhoria do tempo de recrutamento das unidades motoras só é alcançada com o uso de cargas máximas, exercícios de pliometria e a combinação de trabalho pesado (em qualquer taxa de contração) e o movimento sendo realizado de forma explosiva (González; Serna, 2002)

Sob essa perspectiva, o método búlgaro ou de contrastes é uma alternativa viável para o treino de força do handebol (Rosal Asensio, 2002). Ele consiste em combinar exercícios de cargas altas com outros de cargas baixas ou, ainda, sem carga, também conciliando diferentes regimes de contração (concêntrico, excêntrico, pliométrico, isométrico). O contraste das cargas pode ocorrer na sessão de treino com o uso de pesos avulsos, adaptando os contrastes na série para a especialidade esportiva em questão, ou até mesmo por meio de movimentos dinâmicos referentes aos gestos que fazem parte do esporte.

A depender da modalidade esportiva, o método búlgaro se alicerça em:

- **Esforços máximos**: Trabalho com carga máxima (máximo de três repetições; uma ressonância magnética por série).
- **Esforços repetidos**: Trabalho com carga não máxima até a fadiga (seis ressonâncias magnéticas por série).

- **Situações de estresse dinâmico**: Trabalho com carga não máxima, mas em velocidade máxima (com o peso do próprio corpo ou carga de 40-50% de uma ressonância magnética; máximo de seis repetições) (Cometti, 2019).

A preponderância de cargas terá efeito sobre as forças máxima e explosiva em suas diferentes manifestações, o que permite direcionar o treino para melhorar a força máxima ou a força explosiva, dependendo das necessidades e do momento da temporada, apenas alterando a orientação das cargas. Além disso, aprimorar a força explosiva contra cargas leves (caso do handebol) é bastante útil e necessário quando o contraste é feito entre cargas pesadas e médias e em exercícios sem cargas (peso corporal) ou com cargas leves (González; Serna, 2002).

Em resumo, o treino da condição física no handebol deve, principalmente, estimular, com extrema atenção a todos os aspectos cognitivos dos jogadores, as capacidades coordenativas e motoras que sustentam as características técnicas e táticas necessárias para o bom desenvolvimento do jogo, com o primordial objetivo de promover as melhores condições possíveis para que os praticantes apliquem com eficiência suas habilidades durante as partidas.

Síntese

Neste capítulo, abordamos os elementos ofensivos e defensivos do handebol. A fase ofensiva compreende:

- posição de base ofensiva;
- deslocamentos sem bola, a fim de ocupar espaços úteis para receber a bola;
- posse e manipulação da bola, que permitem organizar o ataque;
- recepção da bola, que auxilia na continuidade das ações no jogo;

- passes, que são ações de transferência da bola com vistas a organizar situações de ataque;
- deslocamentos com bola, que possibilitam ocupar espaços, sendo possível realizar, no máximo, três passos com a bola na mão ou utilizar o drible;
- arremessos, que consistem em ações para impulsionar a bola ao gol;
- fintas, nas quais o jogador com a posse de bola tenta enganar ou desequilibrar o defensor para que este se desloque para uma direção contrária;
- desmarques, em que os atacantes executam ações com ou sem a bola com o objetivo de enganar os defensores.

Por sua vez, a fase defensiva é representada por:

- posição básica defensiva;
- marcação, em que há uma ação individual do defensor para responder às ações ofensivas de um atacante e é classificada em:
  - marcação a distância, quando o atacante está distante da área de gol e tem poucas possibilidades de receber a bola;
  - marcação por proximidade, quando o oponente está com a posse de bola.
- bloqueios de arremessos, em que os defensores movimentam os braços para impedir que a bola entre no gol;
- interceptação da bola, que acontece pelo princípio defensivo de antecipação, isto é, o jogador se antecipa ao receptor e rouba-lhe a possa de bola.

Em geral, os elementos do jogo podem ser desenvolvidos mediante diferentes métodos de ensino. Todavia, é prudente recorrer a metodologias que transcendam a repetição mecânica de gestos técnicos (métodos diretivos), a fim de fomentar nos jogadores a capacidade de tomarem decisões táticas e os princípios do jogo por meio do pensamento tático (modelos alternativos). Nesse caso, é interessante oportunizar aos praticantes que vivenciem algumas das situações-problemas mais comuns referentes às partidas de handebol, com a intenção de facilitar o aprendizado do significado funcional dos elementos técnicos. Além disso, o foco desse processo deve residir nos aspectos cognitivos dos jogadores e nas capacidades coordenativas e motoras que sustentam as características técnicas e táticas necessárias.

Quanto aos goleiros, devem ser observados aspectos relacionados aos posicionamentos em relação à localização diante de finalizações, bem como outros fatores vinculados aos tipos de deslocamento e às defesas (altura da bola e origem dos arremessos).

O jogo de handebol exige dos jogadores uma ótima preparação física, a fim de que consigam suportar a intensidade (variável) das ações. Nesse sentido, é fundamental desenvolver a velocidade e a resistência mediante treinos intermitentes, com cargas de alta intensidade e ações de intensidade moderada, para promover os processos adequados de recuperação. Por fim, é preciso aprimorar a força explosiva, com incidência de força máxima, o que pode ocorrer por hipertrofia e/ou coordenação neuromuscular (intra e intermuscular).

Atividades de autoavaliação

1. Identifique a alternativa que não contém elementos tático-técnicos referentes à fase ofensiva do jogo de handebol:

    a) Deslocamentos sem bola.

    b) Passes.

    c) Marcação.

    d) Fintas.

    e) Arremessos.

2. Identifique a alternativa que não contém elementos tático-técnicos referentes à fase defensiva do jogo de handebol:

a) Bloqueios.

b) Desmarques.

c) Marcação a distância.

d) Interceptação da bola.

e) Marcação por proximidade.

3. Quais são os princípios dos modelos alternativos de ensino para o handebol?

a) Desenvolver a capacidade de decisão tática dos jogadores e os princípios do jogo por meio do pensamento tático.

b) Desenvolver a capacidade técnica dos jogadores e os princípios do jogo por meio do pensamento técnico.

c) Desenvolver a capacidade física dos jogadores e os princípios do jogo por meio do pensamento crítico.

d) Desenvolver a capacidade técnica dos jogadores e os princípios do jogo por meio do pensamento tático.

e) Desenvolver a capacidade física dos jogadores e os princípios do jogo por meio do pensamento tático.

4. Sobre o goleiro de handebol, assinale a alternativa correta:

a) O posicionamento deve sempre ser o mesmo, independentemente da situação de arremesso.

b) A perna de impulso nas ações de defesas sempre deve ser a perna contrária ao lado da bola.

c) O melhor posicionamento ante os arremessos é manter as mãos e os braços na linha do quadril.

d) Nas defesas de bolas altas, somente uma das mãos deve ser usada.

e) O posicionamento ideal é no centro do gol, independentemente da circulação da bola.

5. O que deve ser priorizado na preparação física para o jogo de handebol?

a) Velocidade, resistência e flexibilidade.
b) Velocidade, alongamento e força.
c) Velocidade, resistência e alongamento.
d) Velocidade, resistência e força.
e) Velocidade, concentração e força.

■ *Atividades de aprendizagem*

Questões para reflexão

1. Escolha um elemento tático-técnico individual de defesa e outro de ataque e descreva os aspectos mais importantes para executá-los com êxito.

2. Diferencie os posicionamentos do goleiro de handebol em relação ao atacante ou à bola nas situações de arremessos de 1ª e 2ª linhas ofensivas.

Atividade aplicada: prática

1. Assista a alguns vídeos de jogos de handebol disponíveis na internet e procure identificar quais elementos tático-técnicos individuais ofensivos e defensivos são utilizados com maior frequência durante as partidas, bem como os tipos de defesas dos goleiros.

Capítulo 5

Aspectos tático-técnicos de grupo e coletivos do handebol

José Carlos Mendes

Neste capítulo, tematizaremos os aspectos tático-técnicos de grupo e coletivos do handebol. Esclarecendo, abordaremos a estrutura e os postos/posições específicos do jogo. Na sequência, trataremos dos meios táticos de grupo defensivos e ofensivos utilizados coletivamente pelos jogadores para atacar e defender. Por fim, explicaremos como são compostos os sistemas de ataque e defesa no handebol

5.1 Estrutura e postos específicos

De início, vamos retomar alguns aspectos básicos para o desenvolvimento do jogo de handebol, os quais foram abordados sucintamente no Capítulo 2.

O handebol se desenvolve em quatro fases distintas (ataque, retorno defensivo, defesa e contra-ataque), nas quais as equipes em confronto estão sempre com objetivos contrários (enquanto uma busca o gol, a outra precisa impedi-lo). Nesse sentido, vale ressaltar que, nas etapas de defesa e ataque, em momentos nos quais as equipes optam pelo jogo posicional, ou seja, defesa em sistemas e ataque posicional, os jogadores são distribuídos em linhas de jogo de forma determinada, o que caracteriza o sistema de jogo adotado e a denominação de *postos específicos*.

Na defesa, a distribuição dos jogadores pode ocorrer em até três linhas defensivas: a primeira é a área de gol e, em geral, a que conta com o maior número de jogadores; a segunda compreende a linha de tiro livre (tracejada de 9 metros); e a terceira se refere ao espaço além da linha de tiro livre, sendo que, em algumas situações, os defensores avançam até a linha central.

Para a representação gráfica dos sistemas de jogo implementados na defesa, utiliza-se a figura de um triângulo para retratar os defensores, e a distribuição destes é sempre feita da esquerda para a direita. Eles são enumerados, em sequência, do número dois até o sete. Em primeiro lugar, os defensores da primeira linha defensiva são distribuídos, e depois, os das demais linhas, conforme podemos ver na Figura 5.1, que retrata o sistema defensivo 5:1.

A distribuição dos defensores em determinado posto específico no sistema defensivo é realizada em função de algumas características biotipológicas e tático-técnicas individuais, de acordo com o sistema proposto. Geralmente, para ocupar os postos de defensores centrais (4) e laterais (3,5), são escolhidos os jogadores mais fortes e altos da equipe. Para preencherem e protegerem a zona central dos arremessos, eles devem dominar a marcação por proximidade e a marcação da linha de passe, evitando, com seus bloqueios, que o pivô crie espaços na defesa. Também é papel desses jogadores fechar o rebote do goleiro ou o canto longo em casos de arremessos (Antón García, 2002).

Figura 5.1 Representação gráfica do sistema defensivo 5:1

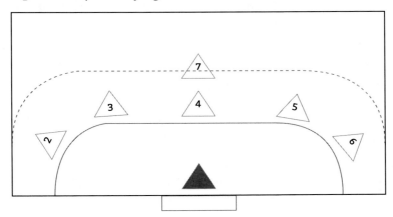

Os postos específicos dos defensores localizados das extremidades da quadra (2,6) são ocupados pelos jogadores mais baixos da equipe, os quais têm a função de dificultar o jogo dos pontas adversários, impedindo seu deslocamento, bem como de antecipar e interceptar passes. Ainda, eles precisam dominar os meios táticos grupais defensivos de troca de marcação e ataque ao ímpar. Por sua vez, quando as equipes optam por sistemas defensivos em duas ou mais linhas, o posto defensivo do avançado (7) é preenchido por jogadores de características similares aos marcadores dos pontas. No entanto, é preciso que sejam muito mais eficazes nas ações individuais defensivas de dissuasão e marcação em linha de passe, além de serem os responsáveis por darem início ao contra-ataque (García Herrero, 2003).

Por outro lado, no ataque, a distribuição dos jogadores se dá apenas em duas linhas de jogo: na primeira linha ofensiva (linha de tiro livre), ficam os jogadores denominados *armadores* (central e laterais direito e esquerdo); já a segunda linha (linha da área de gol) é ocupada pelos jogadores denominados *pivô* e *pontas*.

Para a representação gráfica dos sistemas de jogo implementados no ataque, utiliza-se a figura de um círculo para retratar os atacantes, e a distribuição destes sempre é feita da esquerda para direita por meio das letras A, B e C para, respectivamente, os armadores esquerdo, central e direito. Para os jogadores que ocupam a segunda linha ofensiva, são usadas as letras D, E e F, respectivamente, para o ponta esquerda, o pivô e o ponta direita, conforme pode ser visto na Figura 5.2, que representa o sistema ofensivo 3:3.

A distribuição dos jogadores nos postos específicos do ataque também ocorre em razão de determinadas características biotipológicas e tático-técnicas individuais, de acordo com o sistema proposto. Os jogadores que ocupam o posto específico de armador central (B) devem ser criativos, inteligentes e comunicativos, pois são considerados o "cérebro" da equipe, os organizadores de todas as ações coletivas ofensivas. Portanto, é fundamental que sejam especialistas em todos os tipos e formas de passes e que dominem os arremessos de apoio e de média distância, com boa visão de jogo e plena compreensão das possíveis ações a serem tomadas por companheiros e dos comportamentos referentes ao sistema defensivo do adversário (Antón García, 2000). Já os jogadores dos postos específicos dos armadores (A e C) devem ser altos e fisicamente fortes, além de excelentes nos arremessos em suspensão de longa distância; no entanto, essas posições também podem ser preenchidas por jogadores menores, contanto que tenham grande habilidade para executar fintas e sejam capazes de encontrar linhas de passe dentro dos sistemas defensivos da outra equipe.

Figura 5.2 Representação gráfica do sistema ofensivo 3:3

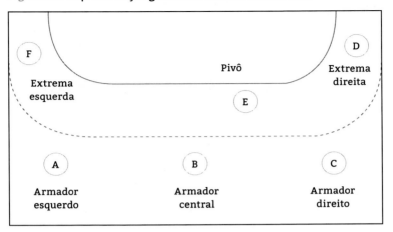

Os postos específicos dos extremas (D e F) são ocupados por jogadores muito ágeis e rápidos e que tenham ótima capacidade de finalizar em situações nas quais o ângulo de arremesso é reduzido, em virtude da proximidade com os goleiros. Consequentemente, a habilidade e a precisão nos tipos de arremessos executados devem ser maiores. Ainda, esses jogadores também têm grandes responsabilidades na execução de contra-ataques. Por fim, a posição de pivô (E) é preenchida por jogadores que têm ótima capacidade para realizar os trabalhos mais árduos do jogo, pois atuam dentro dos sistemas defensivos do oponente. Portanto, é comum que o pivô entre em confronto físico com os defensores adversários, com o objetivo de abrir espaços para que seus companheiros tenham condições de finalizar ou de receber passes em cenários vantajosos. Normalmente, os jogadores mais pesados e fortes atuam como pivôs (Antúnez Medina; Ureña Ortín, 2002).

A partir dessas estruturas, as equipes são norteadas por princípios básicos, os quais sempre podem ser alterados pelos jogadores de acordo com os diferentes contextos do jogo. Com efeito, tais princípios, situados em extremos opostos, distinguem-se em três princípios ofensivos e três princípios defensivos (Figura 5.3).

Figura 5.3 Princípios ofensivos e defensivos norteadores do jogo de handebol

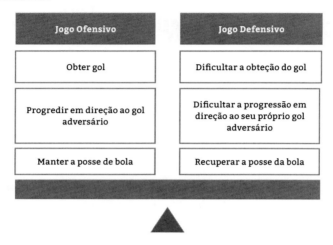

Fonte: Aguilar, 2014, p. 26.

Assim, quando um jogador tem a posse de bola, um jogador da outra equipe tentará recuperar a posse. Com efeito, se um jogador progride em direção ao gol do time oponente, um jogador deste procurará obstrui-lo ou, ao menos, dificultar sua progressão. Por fim, quando um jogador está em condições de finalizar, um ou mais jogadores adversários farão o possível (respeitando-se as regras) para impedir ou dificultar a finalização. Logo, existem objetivos específicos para as fases ofensivas e defensivas, mas, também, intenções comuns entre ambas.

Na fase ofensiva, os objetivos específicos estão relacionados a promover ações ofensivas, criar condições para arremessar próximo ao gol adversário e finalizar com êxito. Na fase defensiva, os objetivos se referem a criar ações ofensivas, dificultar os arremessos próximos ao próprio gol e impedir o êxito nas finalizações adversárias. Todavia, para atingir esses objetivos específicos, ambas as equipes precisam produzir contextos de superioridade numérica, evitar a igualdade numérica e anular qualquer inferioridade numérica nas mais distintas situações (Antúnez Medina; Ureña Ortín, 2002).

Nesse sentido, é necessário que os jogadores dominem os elementos tático-técnicos individuais ofensivos e defensivos já apresentados anteriormente. Entretanto, as ações individuais não podem se dar de modo isolado e aleatório. Com essa finalidade, há uma variedade de meios táticos de grupo ofensivos e defensivos relativos a ações coordenadas entre dois ou mais jogadores que precisam ser estimuladas para um melhor desenvolvimento coletivo do jogo.

5.2 Meios táticos de grupo defensivos

O desenvolvimento do jogo defensivo é caracterizado por padrões de deslocamentos e movimentos coordenados entre grupos de jogadores e são operacionalizados por diferentes intenções táticas grupais denominadas *meios táticos defensivos*, os quais são classificados em (Antón García, 2000; García Herrero, 2003):

- **Preparatórios ou imediatos**: Relacionados à atribuição de responsabilidades e tarefas, individuais ou coletivas, para organizar e coordenar a defesa.
- **Preventivos**: Envolvem as ações de defender o gol e permitem iniciar o funcionamento da estrutura defensiva.
- **Reativos**: Constituem-se de ações que se contrapõem diretamente às ações ofensivas dos adversários (trocas defensivas, deslizamentos etc.).
- **Ativos**: Representados por ações de antecipação à organização ofensiva.

Os meios táticos **preparatórios ou imediatos** ocorrem após a perda da posse de bola por diferentes motivos ou, ainda, depois que a equipe leva um gol. As responsabilidades são previamente determinadas aos jogadores com o objetivo de impedir o êxito da equipe adversária após a recuperação da posse nas ações de contra-ataque, ataque rápido ou tiro de saída rápido.

Por conta dos diferentes postos ocupados no ataque, os jogadores podem estar longe de suas posições defensivas. Por isso, eles precisam ter clareza sobre os setores a ocupar na quadra após sua equipe perder a bola. Além disso, vale ressaltar que os jogadores especialistas de ataque também têm tarefas defensivas preestabelecidas e zonas de atuação na defesa nos diversos sistemas, especialmente quando não há tempo hábil para serem substituídos por especialistas defensivos.

O objetivo principal é proporcionar uma organização coletiva de retorno defensivo eficaz contra o jogo de transição do adversário. Esses meios táticos podem ser estruturados de duas formas: individual, em que cada defensor é responsável por um atacante específico e, por isso, deve marcá-lo independentemente da zona que este ocupe no momento da perda da posse da bola; e zonal, no qual os defensores se distribuem por espaços específicos da quadra e marcam os atacantes que porventura estejam nesses locais (Antón García, 2002).

Por sua vez, os meios táticos **preventivos** se caracterizam por ações grupais que visam criar, momentaneamente, uma superioridade numérica no espaço onde está a bola. Um exemplo são as ações de **basculação** (Figura 5.4), nas quais os defensores se deslocam lateralmente para acompanhar a circulação da bola, mantendo uma maior quantidade de defensores na zona em que ela está e criando um bloco defensivo para diminuir os espaços entre os defensores (Antón García, 2002).

Figura 5.4 Defesa em sistema com ações de basculação para acompanhar a circulação da bola

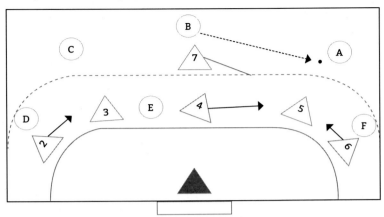

Os defensores devem compreender que as ações de basculação não podem ter características momentâneas ou esporádicas, e sim permanentes, a fim de obter superioridade na zona da bola e seguir com a estrutura do sistema defensivo. Para tanto, eles precisam se deslocar lateralmente com passos curtos, sem perder o contato com o solo, e jamais cruzar as pernas nesse movimento, além de manter a posição básica defensiva, descrita no capítulo anterior.

A **cobertura** é outro meio tático preventivo muito utilizado no jogo e pode ser descrita com o seguinte exemplo: um defensor marca por proximidade um adversário em posse da bola, mas há outros defensores adjacentes ao defensor principal; então, caso o oponente consiga superá-lo, os outros defensores podem marcar o atacante. Logo, a principal característica da cobertura é o triângulo defensivo formado pelos defensores adjacentes ao defensor que realizou uma flutuação no atacante com bola (Figura 5.5). Assim como na basculação, a ação de cobertura deve ser permanente, pois confere um efeito psicológico de solidez e segurança ao sistema defensivo, bem como contribui para a densidade defensiva da equipe, mantendo os atacantes distantes dos espaços mais favoráveis para arremessar.

Figura 5.5 Triângulo defensivo formado pelos defensores durante as ações de cobertura

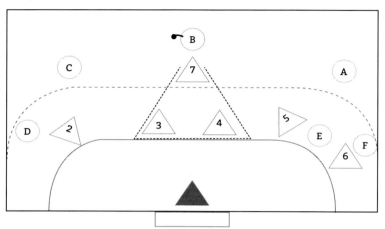

Já os meios táticos **reativos** dizem respeito a ações grupais defensivas em resposta às ações ofensivas dos atacantes que, geralmente, ocorrem em virtude de algum meio tático grupal ofensivo. Incialmente, nesse meio tático, a escolha pelos defensores deve ser considerada em função da situação momentânea em que eles se encontram. Isso significa que, durante o jogo, o fato de eles se encontrarem na mesma linha defensiva ou em linhas diferentes (escalonados) interfere diretamente nas tomadas de decisão.

Entre os meios táticos reativos, a **troca de marcação** e o **deslizamento** são os exemplos mais evidentes e fáceis de serem identificados. A troca de marcação (Figura 5.6) consiste em uma permuta de função de marcação como consequência das ações dos atacante, com o objetivo de manter a estrutura espacial defensiva. Ela pode ser realizada em contextos nos quais os defensores estão na mesma linha defensiva, bem como em oposição aos cruzamentos entre os atacantes (Greco; Romero, 2011).

Além disso, a troca de marcação exige uma ação muito coordenada entre os defensores para evitar o êxito dos atacantes. Nesse sentido, é necessário que os defensores executem com precisão as quatro fases para a sua realização (Antón García, 2002):

- **Interceptação**: Momento em que o defensor dificulta a trajetória desejada pelo atacante.
- **Acompanhamento**: O defensor segue na marcação por proximidade, mas precisa acompanhar o atacante por meio de deslocamentos laterais.
- **Entrega**: Quando os atacantes cruzam suas trajetórias, os defensores devem se manter muito próximos a estes e, se possível, fazer contato ombro a ombro para evitar a criação de espaços.
- **Adaptação**: Os defensores automaticamente assumem a marcação sobre o novo atacante.

Por outro lado, o **deslizamento** (Figura 5.6) pode ser assim explicado: quando dois defensores não estão na mesma linha defensiva (escalonados) e a equipe adversária realiza ações de cruzamento, bloqueio ou circulação, é necessário manter a responsabilidade pela marcação direta do atacante pelo qual cada um ficou responsável, uma vez que não é possível fazer a troca de marcação (Antúnez Medina; Ureña Ortín, 2002).

Os deslizamentos não são muitos comuns em sistemas zonais de marcação. São mais apropriados para defesas que atuam com marcação individual. Para ter êxito nessas ações, é essencial que os defensores estejam a uma curta distância dos atacantes e que sempre estejam dispostos a fazer uma intervenção direta sobre estes. Além disso, em tais ações, ocorre um abandono momentâneo da zona de atuação e, consequentemente, surgem maiores possibilidades de romper o sistema defensivo (Antón García, 2002).

Figura 5.6 Meios táticos reativos de troca de marcação e deslizamento

Além desses dois meios táticos reativos, nos sistemas zonais de marcação, é muito comum a utilização de ações de **contrabloqueio** (Figura 5.7), as quais se caracterizam pela troca de marcação entre os defensores, mesmo que ocupem diferentes linhas, ante as ações de bloqueio ofensivo pela equipe oponente (Antón García, 2002). Assim, os contrabloqueios são úteis para evitar o sucesso do bloqueio adversário, bem como para impedir uma desigualdade numérica momentânea após a outra equipe ter sucesso no bloqueio ofensivo.

Desse modo, o defensor bloqueado tem duas opções de movimentação: caso se desloque para a frente, terá a opção de marcar a linha de passe do atacante que o bloqueou; ou, ainda, o defensor do atacante bloqueador pode acompanhá-lo até a linha de ação do bloqueio e, nesse caso, os defensores optam pela troca de marcação (Greco; Romero, 2011).

Figura 5.7 Ações de contrabloqueio mediante deslocamento para frente do defensor bloqueado

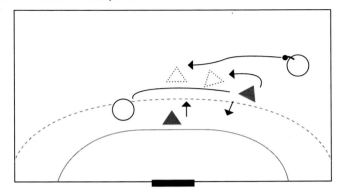

Por fim, os meios táticos **ativos** são comportamentos modernos dos jogadores, os quais tentam ler e decifrar o jogo ofensivo para chegar à frente e poder recuperar a bola, quebrar o ritmo do jogo e impedir as ações ofensivas em determinadas áreas. Tais meios táticos podem ser observados em diferentes sistemas defensivos zonais.

Nesse caso, o **ataque ao ímpar** (Figura 5.8) tem sido o meio tático ativo mais visto na atualidade. Caracteriza-se pela ação de um defensor abandonar sua área de atuação e buscar interceptar a bola na zona de defensiva ocupada por um de seus companheiros.

As ações de ataque ao ímpar têm o principal objetivo de surpreender taticamente o adversário, possibilitando uma quebra no ritmo de circulação da bola e forçando o ataque a jogar em diferentes espaços com menor eficácia. Para tanto, é fundamental que os defensores responsáveis pelo ataque ao ímpar sejam muito rápidos e tenham um excelente *timing* para se anteciparem às linhas de passe.

Figura 5.8 Ação defensiva de ataque ao ímpar pelo defensor da extrema

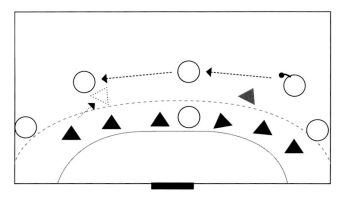

No entanto, a interceptação só deverá ocorrer oportunamente, e o defensor, mesmo que não obtenha sucesso, precisa se manter marcando o atacante que recebe a bola, enquanto os demais defensores fazem o ajuste adequado no sistema defensivo.

5.3 Meios táticos de grupo ofensivos

Os meios táticos ofensivos se referem a ações de colaboração que ocorrem ao longo da partida e que levam à coordenação recíproca entre, no mínimo, dois jogadores. São a base para o funcionamento do ataque posicional, pois contribuem para as conexões entre os jogadores e para a continuidade do jogo em diferentes momentos (Antón García, 1998; 2000). Com base no nível de complexidade tática referente à sua utilização, eles foram classificados por Antón García, (1998) em: elementares, simples, básicos e complexos.

Os meios táticos **elementares** aplicam-se a contextos de simples superioridade numérica e exigem a colaboração entre dois ou mais jogadores. Eles surgem da constante busca por situações momentâneas de superioridade numérica em variados espaços da quadra, as quais podem envolver confrontos entre os jogadores em situações de 2×1, 3×2 e 4×3 (Figura 5.9). A ideia central é criar contextos que possibilitem a realização de finalizações em máxima profundidade, com verticalidade e na região frontal, próximo à área de gol (Aguilar, 2014).

Há diversos cenários para a aplicação dos meios táticos elementares, tais como:

- em profundidade;
- em contra-ataque ou ataque posicional;
- em largura, com as chances de finalização sendo criadas nos postos específicos dos armadores ou pontas;
- em relação ao posicionamento dos jogadores: na mesma linha ofensiva ou em linhas distintas;
- considerando diferentes disposições dos defensores: em linha ou escalonados.

Contudo, nesses casos, para obter êxito, é essencial que o jogador com a bola tenha plena capacidade de progredir em direção ao gol. Consequentemente, o defensor se obriga a marcá-lo, aumentando a situação espacial para a finalização de outro atacante.

Figura 5.9 Situações de superioridade numérica para a utilização dos meios táticos elementares

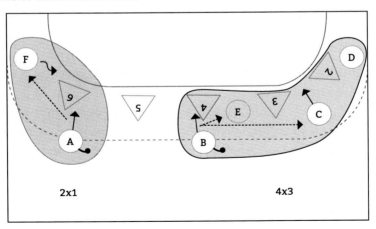

Já os meios táticos **simples** correspondem a estruturas de colaboração que surgem em contextos de igualdade numérica e envolvem a circulação da bola e dos jogadores. Podem ser usados em quaisquer momentos e costumam ser aplicados por equipes de diferentes níveis ou categorias de formação. A **circulação da bola** é compreendida como um elemento de comunicação motriz, no qual os passes são considerados ações táticas significativas para dar continuidade ao jogo e fortalecer as relações entre os jogadores de uma mesma equipe (Antón García, 1998). Trata-se do primeiro modelo tático fundamental de interação no jogo de handebol.

As ações de circulação da bola são realizadas com o intuito de conservar a posse da bola pelo tempo necessário para encadear as ações ofensivas, dificultando a basculação defensiva e ampliando os espaços a fim de criar linhas de passes oportunas para futuras finalizações, o que ocorre com o desequilíbrio defensivo gerado pela velocidade e pelas variações de direção referentes à circulação da bola (Figura 5.10).

Para terem êxito em tais ações, os jogadores precisam cumprir uma série de requisitos. Por exemplo, o jogador com a bola deve manter um excelente campo visual, tendo um controle adequado dos elementos do jogo, ou seja, companheiros, defensores e os possíveis espaços que possam ser gerados, constituindo-se como um constante elemento de perigo para a defesa adversária. Com efeito, é fundamental que domine um amplo repertório de arremessos e passes.

Por outro lado, os jogadores sem a posse da bola precisam se manter com grande mobilidade em seus postos específicos, criando possíveis linhas de passe para o atacante com a bola. Nesse caso, é essencial promover desmarcações para receber a bola sem marcação por proximidade e nos espaços úteis para as finalizações.

Figura 5.10 Circulação da bola combinada com as trajetórias dos jogadores e da bola

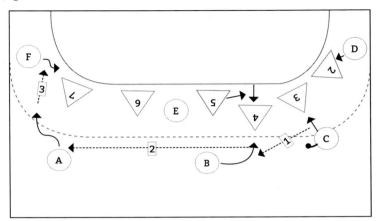

A **circulação dos jogadores** diz respeito às movimentações coordenadas entre os atacantes sem a posse da bola, os quais abandonam seus postos específicos no sistema de ataque para ocupar espaços livres, tornando-se pontos de apoios úteis para dar continuidade ao jogo ou finalizar em gol. A ideia central é preencher esses espaços, surpreendendo os defensores e colaborando com os companheiros. Nessa perspectiva, com a circulação dos jogadores, novas situações podem aparecer ao longo de uma partida, tais como (Antón García, 1998):

- obter vantagem sobre o defensor a partir de uma circulação realizada fora do campo visual deste;
- aproveitar as zonas livres de marcação que surgem no interior dos sistemas defensivos;
- fixar o defensor par ou ímpar para obter vantagem a si mesmo ou a um companheiro;
- oferecer-se como apoio a um companheiro em posse de bola que está sob pressão defensiva;

- ser um elo de recorrência a outros meios táticos básicos para companheiros localizados em diferentes linhas ofensivas;
- modificar o sistema ofensivo ou sua estrutura para impor um novo ajuste defensivo à equipe adversária.

Nessas situações, o êxito está muito condicionado ao momento em que o jogador realiza a intervenção. Para tal, um elevado sincronismo com a circulação da bola é necessário, a fim de surpreender os defensores com a mudança de ritmo em alta velocidade e no tempo ideal. Para tanto, os jogadores que fazem a circulação precisam respeitar os princípios de largura e profundidade do jogo. Assim, dois jogadores de mesma linha ofensiva não devem circular ao mesmo tempo e buscar o mesmo espaço. Além disso, é sempre necessário ter um apoio disponível para a 2ª linha ofensiva e dois para a 1ª linha ofensiva.

As circulações dos jogadores podem ser feitas de várias formas. Uma delas é a circulação simples, cujo objetivo é o desmarque, o apoio ou a fixação dos defensores pares ou ímpares (Figura 5.11); a outra se refere à circulação dupla sucessiva, coordenada de modo escalonado entre dois jogadores de mesma linha ofensiva ou não. O intuito inicial é fixar determinados defensores para que o segundo jogador circulante aproveite o espaço gerado. Os jogadores podem se deslocar em trajetórias convergentes (similares e no mesmo sentido) ou divergentes (no sentido contrário). Também é possível estabelecer circulações para manter o equilíbrio da ocupação espacial em termos de largura e profundidade. Ou seja, durante a circulação dupla, o segundo jogador preenche o posto específico abandonado por aquele que começou a circulação.

Figura 5.11 Situações de circulação simples dos jogadores

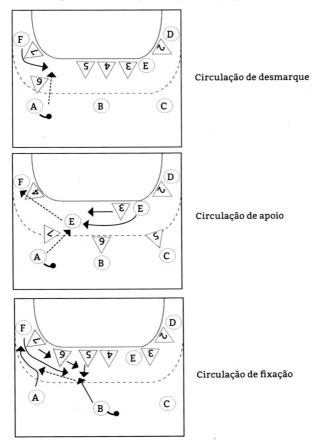

Circulação de desmarque

Circulação de apoio

Circulação de fixação

Os meios táticos **básicos** consistem em estruturas de colaboração funcional entre dois ou mais jogadores em situações de igualdade numérica e correspondem aos modelos operativos para a resolução dos problemas mais frequentes no jogo de handebol. Exemplos de meios básicos são: penetração sucessiva, passa e vai (tabela), cruzamentos, permutas, bloqueios e cortinas.

As **penetrações sucessivas**, em geral conhecidas como ***engajamento*** em termos práticos, representam contínuas tentativas de atacar permanentemente a defesa adversária. Trata-se de um dos meios táticos básicos mais característicos do handebol, pois cumpre o princípio simples de ataque, ou seja, por meio dele, procura-se constantemente obter uma situação de superioridade numérica. Dito de outra forma, as penetrações sucessivas são ações do atacante em posse de bola que busca atacar o intervalo entre dois defensores (par e ímpar) para fixar pontos específicos da defesa e gerar desequilíbrios espaciais no sistema defensivo proposto (Antón García, 1998).

Os atacantes sem a posse têm de acompanhar o sentido da direção do jogador que deu início à ação de penetração e, ao receberem a bola, devem atacar outro intervalo entre seus defensores par e ímpar (Figura 5.12). Essa continuidade de ações de penetração nos espaços entre os defensores, em dado momento, gera um espaço para a finalização com grandes chances de êxito.

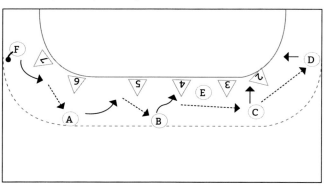

Figura 5.12 Ações de penetrações sucessivas dos atacantes

Embora sejam muito observadas nas partidas, são também muito comuns no treinamento das categorias formativas dos jogadores, independentemente do sistema defensivo adversário. Todavia, para que a equipe tenha sucesso em sua execução, o jogador iniciante precisa atacar com convicção o intervalo entre os defensores, e tal ação deve ser correspondida pelo atacante que receberá o próximo passe. Inclusive, a direção desse passe deve ser para trás, a fim de evitar a interceptação. Ainda, é necessário que os jogadores subsequentes ataquem o intervalo seguinte de maneira escalonada, ajustando temporalmente sua intervenção para facilitar a linha de passe e a ocupação adequada do próximo intervalo.

Por sua vez, o **passa e vai (tabela)** diz respeito às ações coordenadas entre dois atacantes (iniciador e apoio) a partir da fixação de um determinado defensor com a intenção de criar um espaço livre para o desmarque de um companheiro, o que geralmente ocorre por meio de uma troca de passe entre os atacantes. O jogador que dá início a esse meio tático básico (em posse da bola) procura preencher um espaço de jogo para atrair a marcação por proximidade. Com a fixação de seu defensor par em tal espaço, o atacante passa a bola ao apoiador e se desmarca para o espaço livre atrás de seu defensor par (Antón García, 1998).

As ações de passa e vai são mais oportunas em espaços amplos, como em contextos de contra-ataque e de ataque posicional contra sistemas defensivos em duas ou três linhas defensivas. Ainda, tais ações podem ser realizadas em profundidade, quando o atacante apoio ocupa um posto específico de pivô, e em largura, quando os atacantes de apoios são os jogadores da própria linha ofensiva ou das posições específicas dos extremas (Antón García, 1998), como pode ser observado na Figura 5.13.

Figura 5.13 Ações de passa e vai em largura

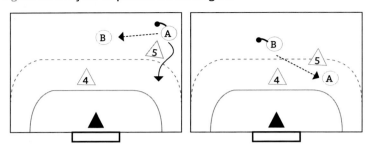

O êxito dessas ações depende de que o atacante iniciador obtenha a máxima proximidade em relação ao seu defensor par, o que possibilita a posterior ocupação do espaço livre atrás deste. Contudo, o atacante deve saber atuar com maestria perante as ações relativas às mudanças de direção e de ritmos, bem como contar com um variado repertório de passes e, também, ter pleno domínio das recepções em deslocamento (Aguilar, 2014).

Já os **cruzamentos** se referem às ações coordenadas entre dois ou mais jogadores que se deslocam em trajetórias contrárias. Nessas ações, o atacante com a bola deve fixar seu oponente direto de modo eficaz, impedindo ou retardando sua posterior ação; então, no ponto em que as trajetórias coincidem, o outro atacante recebe a bola e ocupa o espaço livre criado pelo companheiro (Antón García, 1998).

A ideia principal é obter uma superioridade numérica momentânea que permita a progressão para distâncias mais favoráveis a arremessos ou penetrações em direção à área de gol, em decorrência da incerteza dos defensores em relação à possibilidade de troca de marcação. Em geral, os cruzamentos acontecem em cenários de igualdade numérica, especialmente na situação 2×2 (Figura 5.14), nas quais os defensores se encontram na mesma linha defensiva (condição básica para a realização desse meio tático).

Para a realização dos cruzamentos, há três premissas básicas: a primeira diz respeito a qual é o jogador que toma essa iniciativa – normalmente, quem tem a posse da bola e apresenta características individuais muitos eficazes no jogo 1×1; a segunda se relaciona às condutas adotadas pelos atacantes ante os comportamentos defensivos do oponente; e a terceira se refere à quantidade de atacantes que participam da ação direta ou indiretamente.

Figura 5.14 Situação de cruzamento simples

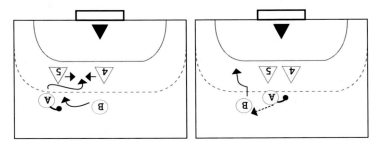

Nesse cenário, são inúmeras as possibilidades para a realização de cruzamentos. Por exemplo, em relação ao número de atacantes envolvidos: cruzamento simples, cruzamento duplo e/ou triplo; em função dos postos específicos (adjacentes ou não); em decorrência das respostas defensivas, como o cruzamento com trajetória falsa (Antón García, 1998), conforme observamos na Figura 5.15, a seguir.

Figura 5.15 Ações de cruzamento duplo e entre postos não adjacentes (largo)

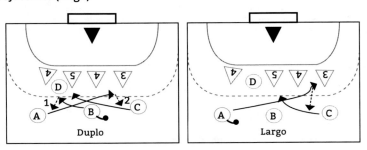

Para que a equipe obtenha sucesso na realização dos cruzamentos, os atacantes devem estar aptos a se adaptar às diferentes situações espaciais e às respostas defensivas. A esse respeito, é essencial que o jogador iniciador demonstre a intenção de arremessar em gol e, assim, consiga fixar o defensor par, além de considerar o momento e o tipo de passe mais conveniente para facilitar a continuidade do jogo, impedindo qualquer antecipação defensiva. Por seu turno, o jogador de resposta, mesmo sem a bola, deve fixar seu defensor par e, posteriormente, promover uma brusca mudança de direção deslocando-se com rápida aceleração, para passar por trás de seu companheiro e receber a bola tendo diversas possibilidades de dar prosseguimento ao jogo em função do comportamento defensivo (Lozano; Camerino; Hileno, 2016).

As **permutas** são ações de troca de postos específicos entre dois atacantes (iniciador e resposta/beneficiado) sem a posse de bola nas quais um terceiro atacante (colaborador/apoio), mediante a invasão espacial de um companheiro, ocupa o espaço livre deixado, fazendo trajetórias de deslocamento muito similares às ações de cruzamentos (Figura 5.16). A principal ideia é dar maior mobilidade ao ataque, gerando incertezas nas ações dos defensores (troca de marcação ou deslizamento), e oportunizar um espaço livre ao beneficiário da permuta para uma situação eficaz de arremesso ou penetração em direção à área de gol (Antón García, 1998).

Figura 5.16 Ações de permutas entre os armadores central e esquerdo

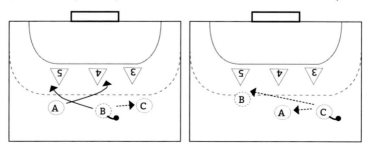

As permutas podem ser realizadas: **perante a defesa**, em que a troca de postos ocorre entre os jogadores da 1ª linha ofensiva, facilitando as ações de troca de marcação e adaptação dos defensores, mas também gerando espaços intermediários entre estes, especialmente em sistema defensivos abertos; **por dentro da defesa**, na qual a troca de postos se dá entre os jogadores da 2ª linha ofensiva, possibilitando erros nas trocas de marcação, em virtude de choque entre dois defensores; e **através da defesa**, quando a troca de postos envolve um jogador de 1ª e outro de 2ª linha ofensiva, principalmente contra sistemas defensivos abertos, dificultando muito as adaptações defensivas (Antón García, 2000).

Para o êxito nas ações de permutas, o atacante iniciador deve dominar os deslocamentos em trajetórias amplas e as particularidades do posto específico ocupado, enquanto o atacante resposta/beneficiário, por meio da imediata ocupação do novo posto específico, deve explorar os espaços criados e dominar diferentes possibilidades de arremesso a distância, penetrações, jogo 1×1 ou 2×2 e outras oportunidades de dar continuidade ao jogo. O atacante colaborador, independentemente do tipo de permuta, precisar ser eficaz ao fixar o defensor par em uma direção contrária à das ações de permuta, aumentando os espaços entre os defensores, bem como ser capaz de dar continuidade ao jogo, caso aconteça a antecipação defensiva durante a permuta (Aguilar, 2014).

As **cortinas** são ações que envolvem a circulação de um atacante sem a bola em trajetória oblíqua na frente do espaço eficaz para o arremesso de outro atacante, com o objetivo de obstruir, momentaneamente, a ação antecipativa do defensor par, protegendo a ação de arremesso do companheiro (Figura 5.17). As cortinas podem criar superioridade numérica e ótimas possibilidades de finalização sem pressão defensiva, pois atrasam ou impedem a flutuação do defensor par, uma vez que sua linha de ação é atrapalhada pela movimentação do atacante (Greco; Romero, 2011).

Figura 5.17 Ação de cortina do armador central em benefício do armador esquerdo

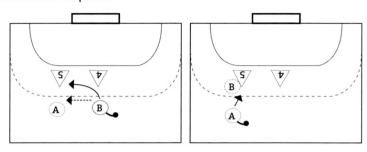

As cortinas são empregadas contra sistemas defensivos fechados, nos quais alguns defensores flutuam em determinados momentos de acordo com a circulação da bola. Isso exige que o atacante sem a bola realize sua trajetória de modo a surpreender o adversário e não cometer falta tentando bloqueá-lo. Por sua vez, o atacante beneficiado deve fazer uma trajetória que coincida, quase simultaneamente, com a posição do companheiro, com a possibilidade de escolher as melhores alternativas para arremessar ou seguir com o jogo.

Já os **bloqueios ofensivos** consistem em ações com a intenção de interromper a trajetória de um defensor em deslocamento. Em geral, são realizados por um atacante com ou sem a posse da bola – normalmente, o pivô – por meio de uma obstrução corporal (respeitando-se as regras institucionalizadas) exclusivamente feita com o tronco, isto é, sem abrir os braços ou as pernas. É o defensor que deve se chocar com o atacante, e não o contrário (Antón García, 1998). Com as ações de bloqueio ofensivo, os objetivos são: obter êxito na ocupação de um espaço em função das características antropométricas do jogador; criar um contexto de superioridade numérica ao obstruir o defensor que exerce marcação individual em um companheiro; dificultar os deslocamentos de basculação defensiva, provocando zonas livres para penetrações; e aumentar a densidade defensiva na zona espacial de bloqueio, oportunizando espaços livres em outras zonas defensivas.

Habitualmente, os bloqueios ofensivos são categorizados em razão dos seguintes fatores (Antón García, 1998):

- trajetória inicial do bloqueador: lateral, diagonal, frontal ou por trás;
- intencionalidade do bloqueio: premeditado, casual ou improvisado;
- número de bloqueadores: simples ou duplo;
- lugar do bloqueador em relação ao bloqueado: pela frente, por trás, interior ou exterior;
- da responsabilidade defensiva do bloqueado: par ou ímpar etc.

Entretanto, quanto às ações de bloqueio, é essencial compreender as responsabilidades de cada jogador envolvido na execução desse meio tático. Como destaca a Figura 5.18, há, no mínimo, três jogadores em atuação (podendo chegar a quatro) (Greco; Romero, 2011):

- bloqueador (E): jogador que realiza o bloqueio;
- beneficiado (A): atacante que tem o defensor par bloqueado;
- bloqueado (5): defensor que sofre o bloqueio;
- colaborador direto defensivo (4): defensor que participa ou não da ação de contrabloqueio.

Além disso, observe que a figura também indica que a ação de bloqueio ocorre em três momentos distintos (Antón García, 1998):

1. **Iniciação**: Momento de sincronização das ações dos atacantes para proceder à realização do meio tático.

2. **Realização**: Quando o jogador bloqueador realiza a ação, devendo chegar primeiro à zona espacial na qual o bloqueio será feito, enquanto o atacante beneficiado ultrapassa o defensor par lateralmente na zona espacial do bloqueio.

3. **Finalização**: O atacante beneficiado ultrapassa a linha de bloqueio (defensor par e bloqueador) com a possibilidade de realizar um arremesso ou dar continuidade ao jogo.

Figura 5.18 Três momentos essenciais da ação de bloqueio ofensivo

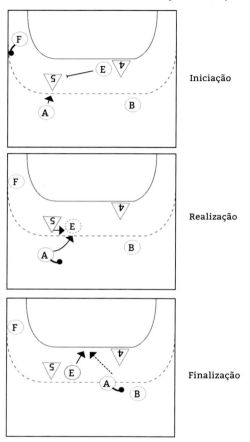

No jogo, para que os bloqueios ofensivos sejam bem-sucedidos, os deslocamentos do bloqueador devem ser rápidos e capazes de surpreender os defensores, mediante adequados ajustes de velocidade e de direção em paralelo com as ações do possível jogador beneficiado. Além disso, é fundamental manter o controle e a estabilidade corporais durante a obstrução do defensor, para que não sejam cometidas infrações (ou seja, deve-se usar o tronco, e não os braços ou as pernas).

O jogador beneficiado precisa promover um deslocamento adequado ao tipo de bloqueio realizado, ultrapassando o defensor lateralmente e na direção da zona espacial gerada pela ação do bloqueio, com alternativas para prosseguir com o jogo. Ainda, é necessário observar os comportamentos defensivos e alterar sua trajetória caso ocorra a antecipação defensiva por meio de ações de contrabloqueio (Aguilar, 2014).

Por fim, os meios táticos **complexos** são reconhecidos por sua estrutura tática superior. Seu desenvolvimento demanda não só a combinação dos meios táticos anteriores, como também total destreza e domínio destes, além de ser necessário saber aplicá-los nos mais diferentes contextos do jogo (Antón García, 1998). Esses meios táticos são mais utilizados por equipes de elevado nível competitivo na construção do ataque posicional, em que os treinadores estabelecem princípios gerais e específicos para as condutas dos jogadores e suas intenções táticas. Portanto, reforçamos que é fundamental ter total controle dos conceitos de jogo coletivo e dos meios táticos ofensivos.

5.4 Sistemas de defesa

A estruturação defensiva deve se constituir por meio da distribuição dos defensores em determinados espaços ou da responsabilidade de exercer a marcação sobre um oponente direto, o que propicia muitas possibilidades de atuação defensiva e, com efeito, uma variedade de sistemas defensivos. Assim, podemos dizer que esses sistemas se caracterizam por configurações espaçotemporais adotadas com a intenção de impedir o êxito da equipe adversária, ou seja, coibir a construção de ações ofensivas, bem como anular ou evitar situações de finalização (Greco; Romero, 2011).

Os sistemas defensivos são classificados em função dos conceitos de amplitude, profundidade e densidade. Em relação à amplitude, que se refere à prioridade da distribuição dos defensores com o objetivo de impedir arremessos da linha da área de gol (6 metros), eles são assim categorizados:

- **Defesa em bloco defensivo**: Tem o intuito de conseguir uma maior concentração de defensores na zona da bola por meio de uma excessiva basculação defensiva.

- **Defesa em linha de arremesso**: Os defensores são responsáveis por marcar quem se encontra na zona de atuação, sem muitos deslocamentos laterais.

Por sua vez, a profundidade está relacionada à distribuição dos defensores com vistas a coibir os arremessos de longa distância, isto é, mais distantes da linha da área de gol. São classificados em:

- **Sistemas abertos**: Os defensores são dispostos em mais de uma linha defensiva.

- **Sistemas fechados**: Os defensores predominantemente se colocam próximos à linha da área de gol.

Já a densidade se vincula à necessidade de aglomerar mais defensores em determinadas zonas para recuperar a bola ou impedir a progressão ofensiva para zonas eficazes de finalização, com grande variabilidade em função das particularidades das equipes.

Nesse cenário, há uma grande variedade de comportamentos diferentes que as equipes podem adotar, ainda que utilizem um mesmo sistema defensivo. Isso porque as características biotipológicas e tático-técnicas dos jogadores e a concepção teórica do treinador sobre os objetivos defensivos são determinantes para o funcionamento dos sistemas defensivos.

Portanto, a seguir, abordaremos a distribuição espacial dos defensores e os aspectos gerais dos sistemas defensivos mais comuns, a partir das linhas defensivas referentes à distribuição dos defensores: sistemas defensivos 6:0, 5:1, 4:2, 3:3 e 3:2:1.

O **sistema defensivo 6:0**, em geral, é considerado um sistema padrão, apesar de seu uso nas categorias de formação (especialmente, menores de 14 anos) ser severamente criticado. Possivelmente, as justificativas para esse sistema ser um dos mais recorrentes no jogo de handebol dizem respeito à distribuição dos defensores em uma linha defensiva (6 metros) e ao fato de que ele proporciona maior amplitude na ocupação espacial perante o gol. Além disso, trata-se de um sistema muito fechado, cujo objetivo é inibir as infiltrações dos adversários com bola para arremessos de 2ª linha ofensiva. Contudo, é um sistema ineficaz contra arremessos qualificados de 1ª linha ofensiva.

A estruturação do sistema defensivo 6:0 consiste na distribuição de todos os defensores junto à linha da área de gol (Figura 5.19). Os jogadores são enumerados da esquerda para a direita do número 2 até o 7. Os jogadores 2 e 7 são os defensores mais exteriores, responsáveis pela marcação direta dos atacantes localizados nas posições específicas das extremas (D e F); os jogadores 3 e 6 são os defensores laterais, aos quais cabe fazer a marcação direta dos atacantes que ocupam os postos específicos de armadores laterais (A e C); por fim, os jogadores 4 e 5 são os defensores da zona central, cuja função é dividir a marcação entre os atacantes posicionados nos postos específicos de armador central e pivô (B e E). Porém, a distribuições direta sobre determinados atacantes é muito dinâmica e pode ser alterada em virtude da circulação da bola e dos jogadores.

Figura 5.19 **Sistema defensivo 6:0**

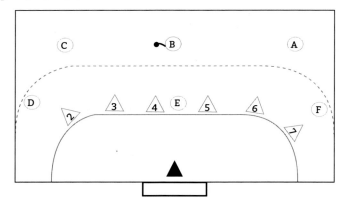

O funcionamento desse sistema se baseia nos seguintes princípios:

- priorizar a manutenção da amplitude defensiva;
- evitar a circulação dos atacantes por trás dos defensores;
- buscar constantemente a superioridade numérica na zona da bola;
- manter frequentes as possibilidades de cobertura defensiva e as ações de basculação em bloco;
- obter a máxima amplitude espacial próxima à área de gol.

Os treinadores que optam por esse sistema defensivo têm os seguintes objetivos:

- dificultar arremessos de primeira linha;
- atrapalhar ou impedir jogo do pivô (deslocamentos e recepção de passes);
- diminuir a angulação de arremessos dos pontas;
- evitar o uso dos meios táticos engajamento ou penetrações sucessivas.

O **sistema defensivo 5:1** é o que apresenta maior diversidade de funcionamento e se estrutura em duas linhas defensivas, sendo que apenas um defensor (avançado) ocupa a 2ª linha defensiva, com o intuito de dificultar a circulação da bola e marcar o armador central, impedindo a organização do jogo ofensivo (Aguilar, 2014). Trata-se de um dos sistemas mais utilizados em equipes de alto rendimento, especialmente em momentos de inferioridade no placar, ou para priorizar a marcação por proximidade em determinada zona de jogo no ataque.

Esse sistema consiste na distribuição de cinco defensores na 1ª linha defensiva e de um defensor na 2ª linha (Figura 5.20). Os jogadores são enumerados da esquerda para a direita: do 2 até o 6 para a 1ª linha, e o 7 para a 2ª linha. Os jogadores 2 e 6 são os defensores mais exteriores, responsáveis pela marcação direta dos atacantes das posições específicas das extremas (D e F); os jogadores 3 e 5 são os defensores laterais, cuja função é fazer a marcação direta dos atacantes posicionados nos postos específicos de armadores laterais (A e C); o jogador 4 é o defensor da zona central, a quem cabe realizar a marcação do atacante pivô (E); e o jogador 7 é o defensor avançado incumbido de marcar o armador central (B) e atrapalhar a circulação da bola. Contudo, a distribuição direta dos defensores sobre determinados atacantes é muito dinâmica e pode ser alterada por conta da circulação da bola e dos jogadores – nesse sistema, especialmente de acordo com a movimentação do pivô.

Figura 5.20 Sistema defensivo 5:1

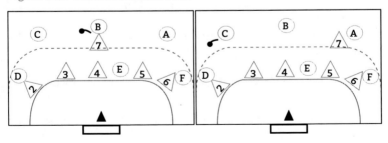

5:1 clássico   5:1 na zona lateral

Na literatura, encontramos diferentes adaptações para caracterizar esse sistema, tais como:

- **5:1 clássico**: A formação mais utilizada, em que o avançado se localiza na zona central para evitar os arremessos dessa zona, impedir a circulação da bola ou afastar os centrais de sua zona efetiva.
- **5:1 na zona lateral**: O avançado ocupa uma das zonas laterais com o objetivo de anular as ações ofensivas realizadas nessa zona espacial.
- **5:1 misto**: O avançado fica em uma das zonas laterais, a fim de anular as ações ofensivas de um atacante específico por meio da marcação individual.
- **5:1 índio**: O avançado se localiza na zona lateral oposta de onde a bola se encontra, com a intenção de causar incerteza sobre seu posicionamento e interceptar os passes entre os jogadores da 1ª linha ofensiva.

O funcionamento do 5:1 se calca nos seguintes princípios:

- reforçar a zona central da defesa por meio do contínuo controle das ações em diagonais dos armadores laterais;
- marcar o pivô por meio de ações que impeçam as linhas de passe;
- o marcador avançado deve constantemente dificultar a circulação de bola e a organização do ataque.

Por seu turno, os treinadores que optam por esse sistema defensivo têm os seguintes objetivos:

- dificultar os arremessos de 1ª linha, especialmente na zona central;
- atrapalhar as ações do armador central e a organização do ataque;
- evitar a circulação da bola em velocidade;
- favorecer a saída em contra-ataque.

O **sistema defensivo 4:2** é um dos sistemas defensivas menos utilizado. Eventualmente, pode ser observado em situações nas quais a equipe atacante utiliza o sistema ofensivo 2:4 (dois pivôs). A distribuição dos jogadores consiste na colocação de quatro deles na 1ª linha defensiva e dois na 2ª linha defensiva. Nesse caso, os dois defensores avançados ocupam as zonas laterais da quadra, para marcar por proximidade os armadores laterais, os quais costumam ser muito eficazes nos arremessos de média e longa distâncias. Tal sistema é aplicado em alguns momentos do jogo, em especial, quando a equipe adversária transforma o sistema ofensivo 3:3 no 2:4 (dois pivôs).

Na estruturação do sistema defensivo 4:2 (Figura 5.21), os jogadores são enumerados da esquerda para a direita a partir do número 2 até o 5 para a 1ª linha, sendo os números 6 e 7 para a 2ª linha. Os jogadores 2 e 5 são os defensores mais externos e têm a responsabilidade de fazer a marcação direta dos atacantes dos postos específicos das extremas (D e F); os jogadores 3 e 4 são os defensores centrais, aos quais cabe fazer a marcação direta dos atacantes que ocupam os postos específicos de armador central e pivô (B e E); e os jogadores 6 e 7 são os defensores avançados, responsáveis pela marcação dos jogadores que ocupam as posições específicas dos armadores laterais (A e C). Contudo, a distribuição direta sobre determinados atacantes é muito dinâmica e pode ser alterada em função da circulação da bola e dos jogadores – nesse sistema, especialmente a movimentação do pivô. Além disso, em certos contextos, é comum que os marcadores avançados (6 e 7) exerçam marcação individual sobre os armadores laterais – convencionalmente, esse sistema defensivo é denominado *4+2* (Aguilar, 2014).

Figura 5.21 **Sistema defensivo 4:2**

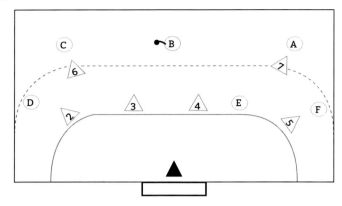

O funcionamento do 4:2 está estruturado nos seguintes princípios:

- proporcionar profundidade e densidade defensiva na zona lateral;
- os defensores avançados (6 e 7) devem atuar de modo ativo e constante, com excelente domínio de marcação em linhas de passe, impedindo a ocupação da diagonal pelos armadores laterais;
- os defensores 2 e 5 devem impedir a circulação dos pontas;
- pleno domínio defensivo nas ações 1×1 para todos os defensores.

Já os treinadores que optam por esse sistema defensivo têm os seguintes objetivos:

- impedir as ações dos armadores laterais;
- retardar a circulação da bola;
- interceptar passes e interromper o jogo ofensivo nas zonas laterais;
- dificultar arremessos de 1ª linha ofensiva, mantendo distantes do gol os armadores laterais.

O **sistema defensivo 3:3** se caracteriza pela distribuição igualitária dos defensores em duas linhas defensivas, sendo muito presente no modelo de jogo proposto pelas equipes femininas asiáticas e pelas equipes masculinas africanas para confrontar os modelos das equipes europeias (Greco; Romero, 2011). Esse sistema propõe uma atitude defensiva muito antecipativa, pois as duas linhas de defensores proporcionam grande flexibilidade às ações dos jogadores, bem como boas possibilidades de superioridade numérica na zona da bola.

Na estruturação do sistema defensivo 3:3, os jogadores são enumerados da esquerda para a direita do número 2 até o 4 para a 1ª linha e do 5 ao 7 para a 2ª linha (Figura 5.22). Os jogadores 2 e 4 são os defensores mais exteriores, responsáveis pela marcação direta dos atacantes dos postos específicos das extremas (D e F); o jogador 3 é o defensor central, cuja função é fazer a marcação direta do pivô (E); os jogadores 5, 6 e 7 são os defensores avançados, aos quais cabe realizar a marcação dos armadores (A, B e C). Contudo, a distribuição direta sobre determinados atacantes é muito dinâmica e pode ser alterada em função da circulação da bola e dos jogadores – nesse sistema, especialmente a movimentação do pivô. No sistema 3:3, a manutenção das zonas espaciais por defensor se torna muito difícil. É comum ocorrerem ações de individualização na marcação dos atacantes que mudam sua zona espacial de ataque.

Figura 5.22 Sistema defensivo 3:3

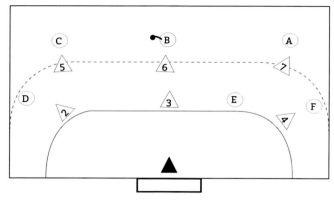

O funcionamento do 3:3 se baseia nos seguintes princípios:

- dupla barreira defensiva paralela;
- excelente controle do atacante a distância e nas ações de circulação ou de desdobramentos;
- duas linhas defensivas na zona da bola e de modo constante;
- os defensores 2 e 5 devem impedir a circulação dos pontas;
- pleno domínio defensivo nas ações 1×1 para todos os defensores.

Por seu turno, os treinadores que optam por esse sistema defensivo têm os seguintes objetivos:

- dificultar a circulação da bola e dos atacantes;
- provocar erros técnicos e a perda da posse de bola;
- diminuir o máximo de espaço possível para a construção do jogo ofensivo;
- favorecer as saídas em contra-ataque.

Por fim, o **sistema defensivo 3:2:1** se configura pela manutenção constante de três linhas defensivas na zona da bola. Mostra-se eficaz contra adversários que contam com bons arremessadores da 1ª linha ofensiva e apresenta uma grande diversidade em relação às estratégias para sua utilização, em virtude das características tático-técnicas de defensores e atacantes.

A estruturação desse sistema em três linhas defensivas envolve certas particularidades quanto aos comportamentos dos defensores em relação à linha de atuação (Figura 5.23). Os defensores da 1ª linha defensiva (2, 3 e 4) devem neutralizar as ações dos atacantes da 2ª linha ofensiva (pontas e pivô), enquanto os defensores da 2ª linha defensiva (5 e 6) precisam impedir os arremessos de média distância dos armadores laterais (A e C), dificultar as circulações dos pontas (D e F) e interceptar os passes feitos para a zona espacial de atuação do pivô (E). Por fim, o defensor da 3ª linha defensiva (7), além de coibir todas as ações do armador central, deve colaborar para fechar a linha de passe dos atacantes da 2ª linha ofensiva e as trajetórias diagonais dos armadores laterais. Esse sistema defensivo promove uma grande flexibilidade e pode ser convertido nos sistemas defensivos 5:1, 4:2 e 3:3, mediante pequenos ajustes nas zonas espaciais e nas ações dos defensores.

Figura 5.23 Sistema defensivo 3:2:1

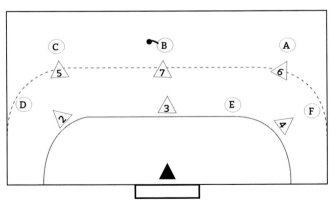

O funcionamento do 3:2:1 se estrutura nos seguintes princípios:

- garantir profundidade e densidade defensiva na zona central, com os defensores constantemente ativos;
- criar superioridade numérica na zona da bola;
- ter pleno domínio defensivo nas ações 1×1.

Os treinadores que optam por esse sistema defensivo têm os seguintes objetivos:

- propiciar ações de cobertura e superioridade numérica na região central;
- impedir a circulação dos atacantes;
- retardar a circulação da bola;
- interceptar passes e interromper o jogo ofensivo;
- dificultar os arremessos de 1ª linha ofensiva, mantendo os armadores distantes do gol.

5.5 Sistemas de ataque

Os sistemas de ataque correspondem ao conjunto estruturado de ações tático-técnicas individuais e grupais ofensivas, selecionadas e organizadas pelo treinador como estratégias básicas para serem colocados em prática pelos jogadores a fim de atingir o objetivo de criar situações para finalizações com êxito. Tais sistemas são mais facilmente observados na fase de ataque posicional, em que as equipes distribuem os jogadores em postos específicos a partir das características biotipológicas e tático-técnicas individuais, bem como das exigências relativas ao espaço de atuação.

Para o desenvolvimento do ataque posicional, são definidos alguns princípios gerais e específicos para as condutas dos jogadores e suas intenções táticas, os quais podem ser desenvolvidos na forma de jogo livre, jogo dirigido (posicional ou circulante) e jogo pré-fabricado (Antón García, 1998, 2000).

No jogo livre, não são necessários procedimentos previamente coordenados entre os jogadores e as ações surgem em razão da qualidade individual. Por sua vez, o jogo dirigido contempla um mínimo de princípios que definem o conceito de jogo, além de também permitir a criatividade individual, ainda que com determinadas limitações e critérios previamente estabelecidos. Por fim, no jogo pré-fabricado, devem ser seguidos princípios rígidos, e as ações individuais estão condicionadas a um conjunto de combinações táticas elaboradas pelo treinador (Antón García, 1998). Para o desenvolvimento do jogo na fase de ataque posicional, independentemente de sua forma de funcionamento, a prévia distribuição espacial dos jogadores nas linhas ofensivas caracteriza os dois sistemas ofensivos denominados *3:3* e *2:4*.

O **sistema ofensivo 3:3** é o sistema básico da modalidade, pois a distribuição equilibrada nas linhas ofensivas permite diminuir os espaços entre os jogadores e assegurar a continuidade no jogo. Sua estrutura básica é formada pela distribuição de três jogadores na 1ª linha ofensiva (A, B e C), denominados *armadores central, direita e esquerda*, e três jogadores na 2ª linha ofensiva (D, E e F), no caso, o pivô e os pontas direita e esquerda (Figura 5.24). Além dessa formação, em alguns contextos no jogo, pode-se observar uma formação com a distribuição de dois pivôs e apenas um ponta na 2ª linha ofensiva (Figura 5.24).

Figura 5.24 Distribuição dos jogadores nas duas variantes do sistema ofensivo 3:3

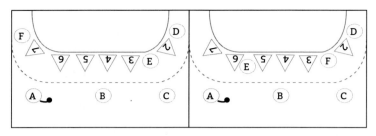

Para o desenvolvimento do sistema 3:3 durante o jogo, os jogadores desempenham funções específicas de acordo com os postos ocupados e a linha ofensiva de atuação. Assim, na 1ª linha ofensiva, os armadores laterais (A e C) devem realizar ações diretas e perpendiculares na direção do gol, e se exige pleno domínio nas fintas para ambos os lados, um repertório eficaz de arremessos e um bom jogo com a utilização do pivô. Já o armador central, considerado o "cérebro" da equipe, deve encadear o jogo entre as duas linhas ofensivas, jogar com o pivô de ambos os lados e dominar ao menos um tipo de arremesso de 1ª linha ofensiva, além de um vasto rol de possibilidades de fintas.

Na 2ª linha ofensiva, os pontas devem receber a bola sempre em movimento e dominar vários meios táticos de grupo com os armadores laterais. Ainda, esses jogadores precisam ser eficazes em arremessos de pouca angulação espacial e promover circulações entre as linhas defensivas. Por sua vez, os pivôs desempenham o trabalho mais duro, pois entram em confronto físico com os defensores, com elevadas exigências de ações de bloqueio dos defensores e constante colaboração (apoio) com os demais postos específicos.

O sistema 3:3 pode ser usado contra qualquer sistema defensivo, pois oferece segurança para linhas de passe e equilíbrio na distribuição espacial, tanto em largura como em profundidade. Em contrapartida, facilita a adaptação do sistema defensivo adversário. Por isso, é fundamental que os atacantes dominem uma grande variedade de ações tático-técnicas individuais e meios táticos de grupo, além de se promover a transformação do sistema durante o jogo. Uma das alternativas, nesse caso, é reposicionar um dos pontas para a posição de pivô – a estrutura segue a mesma (3:3) –, o que demanda a realização de ajustes táticos no posicionamento dos defensores, como pode ser visualizado na Figura 5.24.

O **sistema ofensivo 2:4** surgiu de uma transformação do sistema 3:3, mediante o reposicionamento de um dos atacantes de 1ª linha ofensiva – ação denominada *desdobramento* (Antón García, 1998), cujos objetivos são gerar incerteza nas ações defensivas (atacante em novo posto) e alterar o sistema defensivo, bem como favorecer a circulação da bola, por meio de uma nova linha de passe criada pela movimentação do atacante, além de facilitar os meios táticos básicos na zona defensiva na qual ocorreu o desdobramento (Figura 5.25).

Figura 5.25 Desdobramento e transformação do sistema ofensivo 3:3 para o 2:4

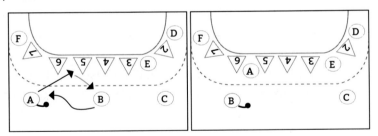

As transformações podem ser feitas de maneiras diferentes. No entanto, a mais comum diz respeito ao deslocamento do armador central para a 2ª linha ofensiva. Todavia, o jogador que ocupa a função de pivô deve ter o devido conhecimento das ações necessárias para atuar na 2ª linha ofensiva. Nesse novo posicionamento – sistema ofensivo 2:4 (Figura 5.26) –, dois jogadores ocupam a 1ª linha ofensiva, os armadores esquerdo (A) e direito (B), e quatro são distribuídos na 2ª linha ofensiva, os pontas direita (C) e esquerda (F) e os pivôs (E e D).

Figura 5.26 Distribuição dos jogadores no sistema ofensivo 2:4

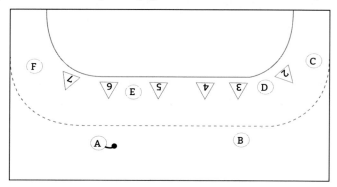

A estrutura do sistema ofensivo 2:4 demanda maior mobilidade dos armadores laterais, que precisam ter um grande repertório de arremessos e manter a circulação da bola, assim como apresentar um excelente jogo com os pivôs. Inclusive, a atuação destes é essencial para que o sistema funcione adequadamente. Isso porque as ações de bloqueios podem causar incertezas nos defensores e dificultar as ações de troca de marcação ou contra-bloqueio, além de promoverem cenários favoráveis para o arremesso de meia distância. Entretanto, nesse sistema, as ações dos pontas são bastante reduzidas, uma vez que a eles cabe mais desempenhar as tarefas de apoio à circulação da bola.

Síntese

Neste capítulo, abordamos os aspectos tático-técnicos de grupo e coletivos do handebol, que, como já explicamos, é desenvolvido em quatro fases: ataque, retorno defensivo, defesa e contra-ataque.

A distribuição dos jogadores fortes e altos geralmente ocorre na zona central dos arremessos, enquanto os mais baixos defendem as extremidades. O armador central tem a função de organizar as ações coletivas ofensivas da equipe; aos armadores, cabe realizar arremessos em suspensão de longa distância; os pontas devem arremessar em situações nas quais os ângulos são reduzidos e em posições muito próximas aos goleiros; por fim, os pivôs têm a incumbência de receber os passes entre a defesa adversária e finalizar em gol.

Para atingir esses objetivos, é necessário seguir determinados meios táticos defensivos, tais como:

- preparatórios ou imediatos: organizar e coordenar a defesa;
- preventivos: iniciar o funcionamento da estrutura defensiva;
- reativos: ações que se contrapõem ao ataque;
- ativos: ações de antecipação à organização ofensiva.

Por sua vez, os meios táticos ofensivos são assim classificados:

- elementares: envolvem cenários de superioridade numérica que exigem colaboração;
- simples: ocorrem em situações de igualdade numérica que exigem a circulação da bola e dos jogadores;
- básicos: trata-se da colaboração entre dois ou mais jogadores em contextos de igualdade numérica, mediante penetração sucessiva, passa e vai (tabela), cruzamentos, permutas, bloqueios e cortinas;
- complexos: referem-se à combinação dos meios táticos anteriores, desde que estes sejam dominados pelos jogadores.

Ainda, também abordamos os sistemas defensivos, que devem ser empregados com:

- amplitude: para impedir os arremessos da linha da área de gol;
- profundidade: para inibir os arremessos de longa distância;
- densidade: aglomerando mais defensores em determinadas zonas para recuperar a bola.

Os sistemas defensivos são identificados de acordo com a distribuição dos jogadores em linhas:

- 6:0: todos os defensores ficam próximos à linha da área de gol;
- 5:1: cinco jogadores se posicionam na 1ª linha defensiva e apenas um na 2ª linha defensiva;
- 4:2: quatro jogadores na 1ª linha defensiva e dois na 2ª linha defensiva;
- 3:3: três jogadores na 1ª linha defensiva e três na 2ª defensiva;
- 3:2:1: três jogadores na 1ª linha defensiva, dois na 2ª defensiva e um na 3ª defensiva.

Por fim, apresentamos os sistemas de ataque, nos quais a distribuição espacial também é feita por linhas ofensivas:

- 3:3: três jogadores na 1ª linha ofensiva (armadores central, direita e esquerda) e três na 2ª linha ofensiva (pivô e pontas direita e esquerda);
- 2:4: dois jogadores na 1ª linha ofensiva (armadores esquerdo e direito) e quatro na 2ª linha ofensiva (pontas direita/esquerda e pivôs).

Atividades de autoavaliação

1. Quais são as quatro fases em que o handebol é desenvolvido?

   a) Ataque, retorno ofensivo, defesa e contra-ataque.

   b) Ataque, retorno defensivo, defesa e contra defesa.

   c) Passe, retorno defensivo, defesa e contra-ataque.

   d) Ataque, retorno defensivo, defesa e contra-ataque.

   e) Recepção, retorno defensivo, defesa e contra-ataque.

2. Que função exerce o jogador ponta no jogo de handebol?

   a) Organiza as ações coletivas ofensivas da equipe.

   b) Realiza arremessos em suspensão de longa distância.

   c) Arremessa em situações de ângulo reduzido e muito próximo aos goleiros.

   d) Recebe passes entre os defensores da equipe adversária e finalizar em gol.

   e) Defende o gol.

3. Indique a alternativa a seguir que apresenta um meio tático defensivo do handebol:

   a) Engajamento.

   b) Basculação.

   c) Circulação da bola.

   d) Penetração sucessiva.

   e) Permuta.

4. Quais são os meios táticos ofensivos mais utilizados em contextos de superioridade numérica ofensiva no handebol?

   a) Coletivos.

   b) Colaborativos.

   c) Elementares.

   d) Difíceis.

   e) Reflexivos.

5. Como é denominada a ação tática de transformar o sistema ofensivo 3:3 no sistema ofensivo 2:4?

a) Desdobramento.

b) Rebote.

c) Inversão.

d) Enlace.

e) Barreira.

Atividades de aprendizagem

Questões para reflexão

1. Reflita sobre os objetivos comuns e específicos das fases ofensiva e defensiva do jogo de handebol.

2. Diferencie os meios táticos ofensivos cruzamento e permuta em relação ao posicionamento dos defensores.

Atividade aplicada: prática

1. Escolha um sistema defensivo do handebol e, em uma folha em branco, desenhe a distribuição dos defensores e suas respectivas responsabilidades diretas de marcação com a bola posicionada em diferentes postos específicos de ataque. Se for possível, pratique essa atividade em uma quadra.

Capítulo 6

Handebol na escola

Evandra Hein Mendes e José Carlos Mendes

Neste capítulo, trataremos de alguns temas relacionando o handebol ao contexto escolar, refletindo sobre seu papel educativo no processo de desenvolvimento humano. Sob essa perspectiva, abordaremos a pedagogia do esporte e suas tendências para o ensino dessa modalidade com vistas ao desenvolvimento positivo de crianças e jovens. Explicaremos como deve ser o processo pedagógico relativo ao ensino dos elementos tático-técnicos do esporte e também apresentamos a proposta do mini-handebol como alternativa pedagógica para a Educação Física nas séries iniciais do ensino fundamental, bem como algumas possibilidades de realizar jogos pré-desportivos.

6.1 Papel educativo do handebol na escola

Os Jogos Esportivos Coletivos (JECs), entre eles o handebol, ocupam lugar privilegiado no currículo da Educação Física de diversos países de todos os continentes. Isso porque, enquanto conteúdo de educação, têm enorme potencial de formação humana, como prática moral, cultural e social, assim como de gerar prazer, significado e sentimento de realização através de diferentes meios (Graça; Mesquita, 2013).

Essencialmente, no âmbito escolar, a prática do handebol deve ser uma atividade lúdica e prazerosa. Mesmo que contem com regras preestabelecidas que precisam ser seguidas pelos praticantes, é possível proporcionar-lhes a experiência do desafio, a satisfação de resolver problemas e ultrapassar as dificuldades encontradas durante a prática do jogo. Todavia, Graça (2002) ressalta a necessidade de compreender o lúdico para além da condição prazerosa durante a prática da atividade, o que pode estar implícito nos seguintes pontos: aceitação do desafio; orientação para o objetivo; entrega e comprometimento com a atividade; empenho, esforço e persistência durante a tarefa; aquisição, domínio e aperfeiçoamento das competências específicas da atividade; qualidade de desempenho, rendimento e resultado.

Nas aulas de Educação Física, é necessário oferecer uma vasta gama de atividades físicas e esportivas, adequadas às faixas etárias, que promovam a aquisição das habilidades motoras aliadas ao desenvolvimento pessoal. Em relação ao handebol, além da construção de habilidades específicas que oportunizam aos alunos se tornarem sujeitos ativos e conscientes ao longo do jogo, também pode-se contribuir para desenvolver os valores educativos do esporte, tais como:

- **Relacionamento social:** Criar contextos em que os alunos possam cooperar uns com os outros em tarefas de equipe, estimulando o respeito e a capacidade de autocontrole nas situações impostas por atividades e jogos.
- **Aspecto lúdico e recreativo:** Naturalmente implícito no próprio jogo, motiva os alunos, em especial as crianças, à prática.
- **Hábitos positivos para a vida:** Incentivados mediante a prática do jogo como uma alternativa para preencher o tempo livre dos alunos.
- **Autocontrole:** Atender às necessidades de compensação para o estresse e a ansiedade.
- **Canalização da agressividade:** A entrega sem reservas às exigências físicas e à agressividade permitida nas regras institucionalizadas pode ser útil como estratégia de relaxamento físico e psíquico aos alunos após eles descarregarem as tensões acumuladas no cotidiano escolar e pessoal.

Sob essa ótica, o professor é o agente ativo que mais pode influenciar na formação dos alunos, tanto no campo esportivo como no campo pessoal. Isso porque o desenvolvimento deles depende, em grande parte, do seu trabalho e das experiências que eles vivenciam ao longo das aulas. Para tanto, o docente necessita ter um grande conhecimento teórico relacionado às modalidades esportivas. Até mesmo suas próprias experiências como atleta poderão auxiliá-lo a elaborar uma estrutura pedagógica coerente e capaz de ser aplicada, desde que domine os conceitos teóricos, práticos e metodológicos do ensino do esporte no âmbito escolar.

Quanto ao handebol, tal proposta de ensino deve possibilitar a cada aluno um elevado nível de participação, por meio da equidade e da homogeneidade adequadas às atividades que possibilitem reais chances de sucesso. Nesse contexto, é preciso propor uma prática mais inclusiva, para que todos participem, respeitando os interesses pessoais, além de propiciar aos estudantes que encontrem parceiros compatíveis para viabilizar uma prática mais conveniente (Mesquita; Graça, 2009).

Entretanto, é fundamental refutar a ideia de superioridade dos objetivos da Educação Física ante os objetivos da competição esportiva organizada, o que poderia justificar um tratamento empobrecido do handebol na escola, alienando-se da exigência de uma orientação educativa para a organização da prática da modalidade. De modo geral, para que o ensino do handebol seja educativo nesse contexto, a prioridade deve ser promover uma prática que oportunize o aprimoramento do jogo e o entendimento sobre ele. Ou seja, trata-se de favorecer a relação dos alunos com as diferentes situações de jogo e com as capacidades de cooperação, oposição, autonomia e interdependência (Siedentop, 1987).

Sendo assim, a prática do handebol na escola com objetivos mais educativos e pedagógicos deve ter o sentido contrário ao de modelar os alunos sob a ótica do alto rendimento. Ou seja, é fundamental ter uma visão global do processo de ensino e iniciação, respeitando as fases do desenvolvimento humano e visando à aprendizagem das habilidades motoras específicas. Nessa perspectiva, os alunos se tornam protagonistas do processo educativo, na medida em que constroem uma autonomia motora capaz de lhes permitir se adaptar às várias situações do jogo, o que indice diretamente nos aspectos afetivos, cognitivos e sociais de sua personalidade.

6.2 Pedagogia do esporte e suas tendências para o ensino do handebol: possibilidades de desenvolvimento positivo para crianças e jovens

O ensino do esporte enfrenta inúmeros desafios independentemente de seu contexto (ambiente esportivo formativo ou aulas de Educação Física escolar), em virtude da negativa criticidade em relação aos objetivos, aos significados e às metodologias adotadas nesse processo. Entre outras críticas, Galatti e Paes (2006) destacam a busca frequente pela plenitude atlética em crianças ainda em formação. Ainda, nas competições, costuma ocorrer a exacerbação dos aspectos competitivos em detrimento dos valores educacionais, sendo comum que professores e colegas pressionem psicologicamente os estudantes considerados menos habilidosos. Consequentemente, esse cenário contribui para a especialização esportiva precoce. Por fim, tem-se uma singularização durante as aulas que os limita a um aprendizado unilateral.

A área da pedagogia do esporte tem sido discutida por diferentes vias a fim de superar esses aspectos. Um exemplo consiste na ideia de promover uma contínua transformação da filosofia que permeia o esporte, bem como sua compreensão como patrimônio da humanidade, centrada no homem. Portanto, é preciso compreender a pluralidade desse fenômeno e entender que seu processo de ensino deve se pautar em uma perspectiva formativa que promova o acesso ao conhecimento de maneira crítica e autônoma, gerando a possibilidade de os participantes se desenvolverem integralmente, sendo o jogo um instrumento facilitador desse processo (Galatti; Paes, 2006).

Entretanto, no âmbito escolar, por se tratar de um conteúdo tradicional do componente curricular Educação Física, as maiores críticas dizem respeito ao ensino exagerado dos movimentos e gestos técnicos específicos, sem possibilitar aos alunos a aquisição de um amplo conhecimento acerca desse conteúdo e da capacidade de analisar os motivos por trás da realização de determinados movimentos, além de possíveis valores e atitudes apropriados para as diversas práticas esportivas (Barroso; Darido, 2009).

Inclusive, a pedagogia do esporte também é criticada, apesar de sua significativa contribuição para o ensino-aprendizagem do esporte em relação à dimensão procedimental dos conteúdos. O mesmo não ocorre quanto aos estudos direcionados às dimensões conceitual e atitudinal dos estudantes – o que poderia proporcionar uma formação mais apropriada.

Nesse sentido, na década de 1980, com base nos princípios das teorias do desenvolvimento humano, Rizzo, Ferreira e Souza (2014) destacaram o surgimento estudos que sintetizaram as pesquisas e aplicações relacionadas às possibilidades do desenvolvimento positivo na juventude, dando origem à perspectiva denominada *Positive Youth Development* (PYD) – em português, Desenvolvimento Positivo dos Jovens (DPJ).

O DPJ se baseia no desenvolvimento do indivíduo, em que crianças e adolescentes são vistos como tendo potenciais a serem desenvolvidos, em vez de problemas a serem resolvidos. O objetivo principal é procurar características dos indivíduos e dos ambientes sociais que possam ser aproveitadas para a construção de pontos fortes, a fim de promover mudanças positivas no desenvolvimento (Holt et al., 2017). A perspectiva do DPJ tem a finalidade de elencar estratégias que favoreçam a transição adequada de crianças e jovens para uma vida adulta saudável e bem-sucedida, mediante a estruturação de ambientes que proporcionem experiências positivas, nos quais os praticantes possam estabelecer relações, aflorar suas potencialidades e dominar seus comportamentos (Milistetd et al., 2020).

A esse respeito, os domínios que devem ser fomentados podem ser compreendidos pelos 5Cs, a saber: competência, confiança, conexão, caráter e cuidado. Milistetd et al. (2020) mencionam que a competência se relaciona aos aspectos da proficiência nas ações de nível social, escolar, vocacional e cognitivo; a confiança reflete os níveis da autoestima como produto de autoavaliação e reflexão sobre si próprio; a conexão diz respeito à capacidade de firmar laços positivos com outras pessoas e instituições; o caráter se vincula ao discernimento de respeitar as regras de cunho moral e ético; por fim, o cuidado se refere ao senso de empatia por outras pessoas.

A partir dessa perspectiva emergente, a pedagogia do esporte tem postulado a ideia de que o ensino do esporte pode superar a ênfase procedimental e se tornar um campo mais eficiente para a construção das dimensões conceitual e atitudinal dos alunos. De fato, o esporte pode ser uma estrutura do DPJ muito atrativa e com grandes chances de obter a fidelidade participativa dos jovens, por se tratar de uma atividade que tem a capacidade de despertar a motivação e que exige a concentração dos praticantes, aspectos vistos como fundamentais para favorecer o aprendizado das competências recém-mencionadas (Milistetd et al., 2020).

O desenvolvimento dos 5Cs no ambiente esportivo se estrutura na presença e na necessidade de respeitar as regras, os companheiros e os adversários, o que envolve a exigência de cumprir as normas de condutas durante a prática esportiva. Também se calca na composição das equipes em esportes coletivos, despertando o senso de pertencimento aos grupos, o que potencializa a cooperação e o trabalho em equipe. Além disso, baseia-se, ainda, na iniciativa e na tomada de decisão. Essas são as competências necessárias em virtude da complexidade e da aleatoriedade das ações em um contexto esportivo (Milistetd et al., 2020).

Entretanto, elas não são suficientes para proporcionar um ambiente adequado ao desenvolvimento positivo dos alunos. Isso porque a estruturação e a orientação inadequadas do esporte nas aulas de Educação Física podem desencadear experiências negativas e contribuir para o surgimento de comportamentos desfavoráveis ao DPJ (Holt et al., 2017). Assim, para implementar as ideias do DPJ nas escolas com a expectativa de atingir resultados positivos, é preciso elaborar diretrizes que explicitem seus objetivos. Nesse contexto, a escola deve estabelecer uma filosofia do DPJ para todo o âmbito escolar, no qual professores, alunos, servidores e, inclusive, os pais possam ser autores ativos desse processo.

A atuação do professor, elemento central dessa perspectiva, deve se estruturar em perspectivas humanísticas, as quais estabelecem uma visão holística sobre o aprendiz. No caso do esporte, a ênfase não recai apenas nas exigências físicas e técnicas, mas também se concentra nas necessidades mentais dos alunos. Em termos práticos, por exemplo, em uma aula de handebol, o professor pode criar situações de jogo para que os alunos enfrentem dificuldades, mas obtenham êxito com o auxílio dos colegas. Porém, é importante que os contextos gerados representem o contexto da modalidade em questão. A esse respeito, apresentamos, no Quadro 6.1, uma possibilidade de um jogo modificado que pode oportunizar o aprendizado positivo.

Quadro 6.1 Representação gráfica de um jogo modificado (acertar os cones)

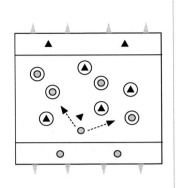

Jogo de acertar os cones

Os alunos são distribuídos em equipes de sete jogadores, sendo dois goleiros, quatro jogadores de apoio e um jogador de campo. Os goleiros se posicionam nas áreas delimitadas e devem proteger os quatro cones, os jogadores de apoio ocupam os arcos aleatoriamente, e o jogador de campo preenche os demais espaços, exceto a área dos goleiros. O jogador de campo pode passar a bola para os jogadores de apoio e recebê-la novamente em posições mais adequadas para arremessar e acertar os cones da equipe adversária.

O ambiente esportivo promovido durante o jogo acarreta distintas oportunidades para potencializar o DPJ. Por exemplo: situações de conflitos entre alunos podem ser boas oportunidades para ensiná-los sobre respeito, empatia e resolução de problemas; o insucesso pode favorecer discussões sobre resiliência e perseverança, bem como estratégias alternativas para a obtenção de sucesso. Além disso, o desenvolvimento dos aspectos específicos do handebol, como passes, arremessos e até as defesas do goleiro (competência), pode melhorar a confiança e a autoestima dos jogadores, contribuindo para que se firmem laços positivos entre eles.

Além das situações elencadas, ao término das atividades da aula, o professor pode reservar um momento final para perguntar aos alunos quais foram as percepções deles acerca do que foi aprendido e que pode ser aplicado em contextos fora do âmbito esportivo, para o benefício dos próprios estudantes.

Embora ainda esteja em desenvolvimento, o DPJ por meio do esporte se revela como um campo muito promissor para promover a transformação de crianças e jovens em adultos felizes e produtivos. Na literatura, há um crescente consenso em torno de seus benefícios, evidenciando-o como um dos principais desafios que se colocam aos professores de Educação Física, na expectativa de aprimorar sua eficácia e possibilitar sua replicação para outros contextos da vida dos alunos.

6.3 Processo pedagógico no ensino dos elementos tático-técnicos do handebol

O handebol é um esporte de contato baseado em elementos táticos-técnicos, assim como na capacidade de improvisação, em que os alunos devem ser capazes de administrar os confrontos sem medo e com a agressividade necessária e controlada, por meio do uso adequado de habilidades técnicas e de seu conhecimento tático. Dessa forma, o professor deve planejar suas aulas de tal forma que a atividade cognitiva seja o intuito principal, atentando-se a facilitar o êxito dos alunos. Exemplos:

- Jogos táticos nos quais os estudantes jogam constantemente e se questionam: *A quem devo passar? Onde eu deveria correr? Atrevo-me a arremessar?*
- Exercícios funcionais mais próximos do jogo real, tais como uma situação de contra-ataque na qual dois atacantes atuam contra um defensor. *Devo passar a qual companheiro de equipe ou devo continuar progredindo sozinho?* Nesse cenário, os educandos devem se perceber, avaliar, decidir e agir rapidamente.
- Planejar tarefas que possibilitem várias soluções e solicitar aos alunos que cheguem à melhor solução com base nas experiências deles.

É fundamental, na organização desses jogos e exercícios, que os alunos se mantenham em movimento tanto quanto puderem e tendo o maior número possível de contato com a bola, seja em forma de passes ou de arremessos ao gol. A motivação é essencial para a realização de tais atividades, bem como a compreensão sobre o que aprendem. Assim, cabe ao professor adequar as tarefas em níveis passíveis de êxito. Nesse sentido, esse profissional precisa ter o devido conhecimento teórico sobre o handebol, além da habilidade para organizar e planejar uma aula na escola.

Para muitos professores, a organização de atividades que mantenham a maioria dos alunos participando ativamente, considerando o tamanho das quadras (em geral, pequenas) e a insuficiência de material, torna-se um enorme desafio. A esse respeito, apresentaremos, a seguir, algumas possibilidades de jogos táticos e exercícios que podem ser relacionados a situações de jogo e que atendam aos princípios elencados (Figura 6.1).

Figura 6.1 Possíveis formas de organização e distribuição no espaço das tarefas para a prática do handebol

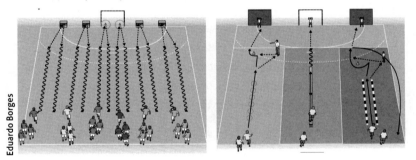

Fonte: IHF, 2016, p. 17-18.

A Figura 6.1 demonstra a organização de exercícios em fileiras, prevendo um maior número de fileiras, cada uma com menos alunos, para oportunizar o máximo de contato com a bola. Ainda, é importante criar algumas situações de imprevisibilidade ou tarefas coordenativas em tais exercícios, tais como: driblar a bola em progressão (dentro de arcos, sobre bancos, em um corredor etc.); passar e receber a bola em diferentes distâncias do gol; arremessar o mais próximo da área sem infringir a regra do ciclo de passos nem o drible, ou permitir apenas um quique da bola para aumentar o ciclo de passos; promover um rodízio dos alunos em cada situação.

Uma alternativa viável é dividir a quadra em vários espaços, nos quais os alunos devem realizar jogos e exercícios em formato de circuito. Inclusive, a divisão da quadra em setores também deve ocorrer em situações de jogo, pois, necessariamente, haverá redução no número de jogadores, o que proporciona mais contatos com a bola e envolvimento no jogo. Contudo, nesses casos, o professor deve atentar a algumas medidas de segurança, tais como delimitar os campos com caixas ou outros objetos semelhantes, para evitar que as bolas rolem para outros campos (até mesmo, usar bancos ou outros equipamentos, como tapetes ou fitas de barreira, mas não objetos que possam ser perigosos para os alunos).

Outro aspecto relevante é procurar obter a máxima participação e intensidade dos alunos em suas ações. Portanto, é essencial planejar previamente as atividades, assim como demarcar os campos de atuação e os materiais a serem utilizados. Também é importante fazer sinalizações por escrito em lugares específicos ou criar um esboço visual (desenho) das tarefas, a fim de favorecer a visualização e a compreensão dos estudantes.

Figura 6.2 Distribuições espaciais e suas respectivas tarefas

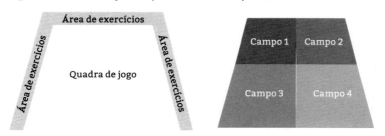

Fonte: IHF, 2016, p. 21.

Além disso, o professor deve considerar que, na prática do handebol, a bola é o centro das atenções e, com efeito, deve estar presente em todas as atividades, pois, quanto mais contato os alunos tiverem com ela durante a aula, melhores serão as possibilidades de interagir com os demais estudantes. Em relação a esse aspecto, é muito importante distribuir os alunos em pequenos grupos, mesmo nas atividades que exijam um número mínimo de participantes – o ideal é, no máximo, seis ou sete alunos por grupo.

Tais observações também devem ser consideradas ao longo da prática dos jogos. Entretanto, caso a turma tenha muitos alunos e, por isso, seja necessário utilizar a quantidade formal de jogadores por equipe, uma forma habitual de organizar as aulas pode ser esta: criar uma situação de jogo para cada metade da quadra, isto é, dando a possibilidade de quatro equipes jogarem simultaneamente.

Esse contexto impede o jogo de transição (contra-ataque e retorno defensivo), mas o professor pode elaborar alternativas de jogo nessas situações. Por exemplo:

- quando a equipe atacante perde a bola, todos os jogadores devem correr para a linha do centro e retornar à zona de defesa, enquanto os defensores avançam até a linha de fundo e, depois, voltam ao centro para reiniciar o jogo;
- quando um jogador da equipe defensora intercepta a bola, ele deve driblar até a linha do centro para iniciar o jogo no ataque;
- proporcionar um rodízio dos jogadores após determinado número de passes ou a troca de campo entre as equipes ao sinal do professor.

Ainda, se a quantidade de alunos não permitir a distribuição em equipes que considere o número formal de jogadores, uma alternativa viável, mencionada em outros momentos deste livro, é recorrer ao campo reduzido, utilizando metade da quadra (Figura 6.3), delimitando as linhas da área do gol em linha reta e criando diferentes modos de jogo em cada setor – por exemplo, jogo 3×3 em um setor e 4×4 em outro. Além disso, se os alunos forem iniciantes, será possível criar situações de superioridade numérica em um dos setores de jogo.

Figura 6.3 Distribuição espacial em distintos campos de jogo

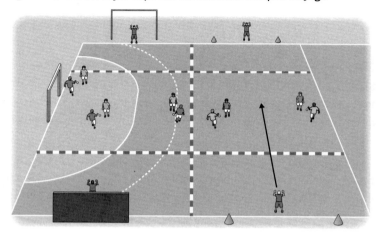

Fonte: IHF, 2016, p.25.

De modo geral, ao organizar as aulas para o ensino do handebol, o professor precisa compreender que todos os aspectos do jogo (informacional, cognitivo e condicional) acontecem de maneira global, e que o desenvolvimento de qualquer um deles afeta o desenrolar do jogo. Nessa ótica, alguns aspectos merecem especial atenção da parte do professor:

- preocupar-se com o que se passa no interior dos alunos (isto é, como eles processam a informação, o que observam no adversário e no espaço que utilizam, como é sua relação com a bola etc.), modificando a organização dos espaços e propondo contextos que os estimulem a pensar em planos de ação não padronizados;
- incentivar os estudantes a aprimorarem a interpretação do jogo e de seus comportamentos aplicáveis em cenários imprevisíveis;

- reforçar o aprendizado dos alunos quanto ao processamento e à interpretação dos sinais vinculados ao ambiente de jogo, com um rol diversificado e variado de soluções motoras mais ajustadas às suas necessidades e a seus interesses.

6.4 Handebol na educação física escolar: mini-handebol como alternativa pedagógica para as séries iniciais do ensino fundamental

O mini-handebol pode ser interpretado como uma "filosofia" de ensino da modalidade para crianças, em que devem estar integradas as necessidades lúdicas e o desejo de transmitir prazer, alegria e experiências positivas. Portanto, trata-se de uma alternativa adequada de ensino tanto para clubes como para escolas, preferencialmente aplicada à faixa etária de 6 a 10 anos, referente ao ensino fundamental (Abreu, 2021).

A ideia central é proporcionar a prática do handebol com algumas adaptações às regras oficiais para meninos e meninas, na qual, segundo Abreu e Bergamaschi (2017), deve-se oportunizar aos praticantes o ato de brincar, proporcionando uma experiência motora diversificada por meio de jogos, brincadeiras, exercícios, situações e atividades que respeitem as características, individualidades e necessidades das crianças.

O mini-handebol foi criado na Dinamarca, em 1975, por alguns treinadores que questionavam o processo de formação da modalidade no país, em virtude da elevada exigência técnica que tornava o esporte pouco popular e difícil de ser promovido aos pais, às crianças e às escolas. A partir de então, percebeu-se a necessidade de formular um jogo mais simples e que proporcionasse não só a construção dos princípios da modalidade, como também o desenvolvimento físico e intelectual de uma maneira mais divertida e atrativa (Abreu; Bergamaschi, 2017).

Abreu e Bergamaschi (2017) mencionam que, em 1975, a Federação Dinamarquesa de Handebol divulgou um folheto que descrevia pela primeira vez o mini-handebol: um jogo destinado a um grande número de crianças, o qual preconizava características lúdicas e educativas (Figura 6.4). Os autores destacam que a intenção era propor um jogo realizado em uma quadra entre duas equipes (de cinco jogadores, sendo um o goleiro) e com traves de medidas reduzidas em relação às oficiais do handebol. O objetivo das equipes era marcar o maior número possível de gols e impedir o êxito do adversário.

Figura 6.4 Jogo de mini-handebol

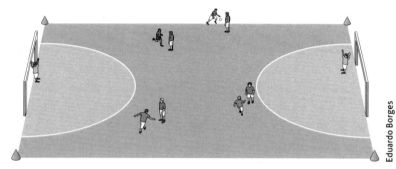

Fonte: IHF, 2016, p. 7.

Entretanto, essa alternativa metodológica de iniciação da modalidade foi impulsionada somente em 1994, mediante a publicação de um manual oficial de mini-handebol (apostila e vídeo) pela European Handball Federation (EHF) e a International Handball Federation (IHF), a fim de disseminar esse esporte pelo continente europeu.

Segundo Abreu e Bergamaschi (2017), essa prática chegou ao Brasil no final dos anos 1990 trazida por professores que tinham ido à Europa para assistirem a campeonatos e torneios. Ainda de acordo com os autores, o Prof. Edson de Oliveira foi um dos pioneiros em apresentar essa novidade ao grande público, o que ocorreu em 1999, durante o São Bernardo Handball Cup. Além disso, em 2000, a Confederação Brasileira de Handebol (CBHb) lançou o projeto "Mini Hand", que passou por diversas fases até ser quase totalmente extinto em 2019.

Em 2021, sob a presidência do Sr. Felipe Barros, a CBHb criou o projeto "Mini-Handebol Brasil" (coordenado pelo Prof. Ms. Diego Melo de Abreu), um programa de desenvolvimento nacional com o objetivo de massificar e democratizar o handebol em todos os estados brasileiros por meio da prática do mini-handebol e mediante parcerias entre escolas, clubes, organizações não governamentais (ONGs), prefeituras, faculdades, universidades e, obviamente, a própria CBHb.

A esse respeito, Abreu (2021) afirma que o projeto visa valorizar e investir em programas de capacitação e formação docente, a fim de que os conceitos e as filosofias do mini-handebol sejam ressignificados de modo colaborativo e devidamente embasado. Assim, as crianças que participam do programa poderiam ser beneficiadas com o que há de melhor em termos de formação esportiva, educação e desenvolvimento integral, em um movimento que atribui sentido e significado às práticas estruturadas com elevado rigor didático-pedagógico-científico para a infância.

O cerne da prática do mini-handebol é oferecer condições positivas e adequadas para a realização de atividades do jogo. Portanto, as regras oficiais devem ser adaptadas com o objetivo de atender às características físicas, cognitivas e intelectuais das crianças. Tais alterações foram estruturadas para a infância e podem ser trabalhadas de distintas formas, pois a ideia é sempre respeitar as limitações e condições das crianças e das instituições que ofertam o programa.

Para tanto, é necessário promover os seguintes ajustes:

- reduzir as dimensões da **quadra de jogo** (Figura 6.5): 13 × 20 m (respectivamente, largura e comprimento);
- a área de gol deve ser um semicírculo traçado a partir do centro do gol, ocupando entre 4 e 5 metros de raio;

- transformar o tiro de 7 metros em tiro de 6 metros;
- demarcar a área de gol com um traço (5 x 15 cm) de 3 metros indicando a restrição do goleiro no tiro de 6 metros – essa linha também será a posição do tiro de saída direto;
- a linha de tiro livre deve ser estabelecida a partir do centro do gol com um semicírculo de 7 a 8 m de raio;
- a zona de substituição deve ter 2 metros de comprimento a partir do centro da quadra.

Figura 6.5 Quadra de mini-handebol e possíveis adaptações para mais quadras

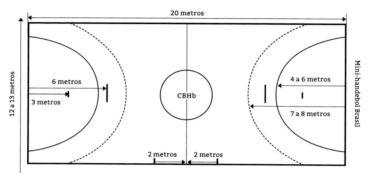

Fonte: Abreu, 2021, p. 52.

As **traves** podem ser confeccionadas com diversos tipos de materiais (ferro, fitas, tubos de PVC), contudo, suas medidas também devem ser reduzidas. A recomendação é que tenham 1,70 × 2,40 m (altura e largura, respectivamente) para todas as categorias do mini-handebol (Figura 6.6). Além disso, as possibilidades de adaptar as balizas são mais livres e lúdicas – tais quais os golzinhos feitos com garrafas de plástico e cones pintados em uma parede, similares aos que se usam em jogos com bola nas ruas.

Os **jogadores** podem ser crianças entre 5 e 11 anos de idade. No entanto, é indicado dividir as categorias em relação à faixa etária da seguinte forma:

- A – 5/6 anos;
- B – 7/8 anos;
- C – 9, 10 e 11 anos.

Nas categorias A e B, não é necessário separar os alunos por gênero (masculino/feminino), mas cabe ao professor/treinador identificar e promover essa separação à medida que julgar importante para o melhor desenvolvimento do jogo a todos os participantes.

Além disso, as equipes poderão contar somente com cinco jogadores em quadra (não se recomenda exceder essa quantidade). Também, a fim de proporcionar o máximo aproveitamento da prática, não se indica o uso de reservas. Ou seja, todas as crianças devem jogar o mesmo período, bem como atuar na posição de goleiro.

Figura 6.6 Traves com redução de medidas para a prática do mini-handebol

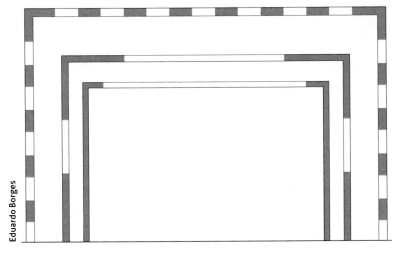

Fonte: IHF, 2016, p. 9.

É fundamental que as **bolas** sejam macias e menores, com circunferência entre 46 e 48 cm de diâmetro e pesar entre 225 e 275 gramas. Porém, é possível recorrer a bolas de borracha ou àquelas promocionais de *minisoccer*. Contudo, é essencial que a bola utilizada quique adequadamente e que as crianças possam manipulá-la facilmente com apenas uma mão.

Em relação ao **placar**, recomenda-se adotar um sistema pedagógico progressivo de contagem dos gols de acordo com a categoria, sendo três as possibilidades principais (Abreu, 2021):

- **Mini A**: Sem contagem de gols, a fim de estimular uma prática que enfatize que a diversão é mais importante do que a competição.
- **Mini B**: Contagem por *sets*, semelhante ao que ocorre no handebol de praia.
- **Mini C**: Contagem progressiva tradicional, idêntica ao handebol *indoor*.

Para a **duração** dos jogos, deve-se considerar a faixa etária, bem como as condições e os objetivos estabelecidos. O tempo total de jogo pode ser dividido em dois períodos ou não, o que dependerá mais da situação e do tempo disponível para o professor organizar e promover as partidas.

Quanto à realização do **tiro de saída**, algumas sugestões são (Abreu, 2021):

- **Tradicional**: A partir do centro da quadra (área de tiro de saída).
- **Tradicional 3 segundos**: A partir do centro da quadra, mas com a pressão de tempo de 3 segundos para a saída – do contrário, perde-se a posse da bola (o que confere maior velocidade ao jogo).
- **Direta**: Feita pelo goleiro a partir da área de gol, da linha dos 3 metros.

- **Dinamarquesa**: A equipe que marcou o gol deve voltar e tocar na linha da área de gol; o goleiro da equipe que sofreu o gol executa o tiro de saída direto da linha de 3 metros.

A **arbitragem** sempre deve atuar com objetivos didáticos e pedagógicos, promovendo o conceito de *fair play* (jogo limpo) entre os participantes. Ela pode ser ocupada pelos professores/treinadores ou por jogadores das categorias de formação a partir dos 12 anos de idade. Ao longo das práticas, não se recomenda o uso de cartões e exclusões. Caso ocorram situações mais grosseiras ou violentas, a punição adotada pode ser um tiro de 6 metros (pênalti) contra a equipe infratora. Além disso, é possível incentivar as crianças a jogar sem a presença de um árbitro oficial, depois de terem aprendido a maioria das regras.

Além dessas alterações obrigatórias para a prática do mini-handebol, existem algumas simples sugestões de regras que contribuem para o melhor desenvolvimento do jogo. Nesse sentido, Abreu e Bergamaschi (2017) indicam que algumas infrações às regras institucionalizadas no *indoor* podem ser permitidas, tais como:

- na categoria mini A, a criança pode dar cinco passos com a bola na mão antes de realizar a ação seguinte (essa categoria permite maior liberdade em relação aos passos);
- nas categorias mini B e mini C, a criança pode dar três passos com a bola na mão antes de realizar a ação seguinte (idêntico ao do handebol);
- na categoria mini A, a criança pode permanecer com a posse da bola por cinco segundos antes de realizar a ação seguinte (mais tempo para tomar decisão);
- nas categorias mini B e mini C, a criança pode permanecer com a posse da bola por três segundos antes de realizar a ação seguinte (driblar, arremessar etc.).

Contudo, outras situações, como a ação de duas saídas (driblar a bola, segurá-la com uma ou duas mãos e voltar a driblar novamente, gerando a 2ª saída), o duplo drible (driblar com as duas mãos simultaneamente) e a invasão da área de gol são proibidas, pois podem comprometer o desenvolvimento do jogo no futuro. Além disso, não seria adequado permitir a marcação com contato nas categorias mini A e mini B e a possibilidade de recorrer às quedas para recuperar a bola, em virtude da possibilidade de causar lesões.

Por outro lado, Abreu e Bergamaschi (2017) sugerem algumas alterações de ordem pedagógica, tais como:

- Possibilitar que todos sejam goleiros, basta avisar o árbitro ou a outra equipe, sem a necessidade de utilizar um uniforme diferente.
- Não permitir o gol direto do goleiro, sendo obrigatório passar a bola para um jogador da linha fazer o gol (o gol direto do tiro de saída não vale).
- Não usar defesas em linha (embora na categoria mini C já se ensine algumas variações de defesa em zona).
- Em jogos e festivais, não utilizar goleiro-linha (mas, durante as aulas, ensinar que essa é uma atual possibilidade).

Para além dessas sugestões, é preciso que o mini-handebol seja ensinado como um jogo baseado em habilidades técnicas, conhecimento tático e na capacidade de improvisar. Entretanto, o handebol também é um esporte de contato. Por isso, desde muito cedo, torna-se necessário ensinar as crianças a serem capazes de lidar com os confrontos físicos sem medo, com a disposição necessária e fazendo o uso adequado de suas habilidades técnicas e de seu conhecimento tático (IHF, 2016).

6.5 Jogos pré-desportivos no handebol

O processo de Ensino-Aprendizagem-Treinamento (EAT) de um esporte como o handebol é complexo e delicado, uma vez que existem diferentes concepções de ensino dos JECs, como já comentamos. Todavia, independentemente de esse processo ocorrer no âmbito escolar ou em clubes e associações com fins competitivos federativos, o mais adequado é optar por atividades que proporcionem o máximo proveito dos elementos lúdicos, pois essa postura favorece o melhor aprendizado de qualquer modalidade esportiva. Ainda, as crianças aprendem mais quando se envolvem com tarefas que reflitam o contexto do jogo (desde que estas não sejam agressivas, imperativas ou obrigatórias).

O jogo pode ser compreendido com uma atividade fundamental para a vida do ser humano. Ele foi estruturado ao longo da história em razão da necessidade de o homem se manter em movimento, também considerando-se seus interesses e seu estado humor, além de se manifestar de forma espontânea ou consciente para a busca das satisfações pessoais. Assim, ele é considerado um importante meio educacional por excelência, pois sua prática pode propiciar o desenvolvimento integral e dinâmico mediante elevadas exigências nas áreas cognitiva, afetiva, social, moral e motora dos praticantes. Em alguns contextos, podem surgir fatores relativos à adversidade e ao individualismo, mas o professor pode utilizá-los para fomentar outros aspectos, como a construção da autonomia, a criatividade, a responsabilidade e a cooperação das crianças ou dos adolescentes.

No cenário esportivo, há uma infinidade de jogos (denominados *jogos pré-desportivos*) que auxiliam o processo de EAT de distintos esportes. Isso porque, de certa forma, eles expressam determinadas características de uma modalidade, mesmo que seja simplesmente a execução de um gesto isolado.

Em relação ao handebol, tais jogos podem ser utilizados para favorecer a aquisição de habilidades gerais, específicas, condicionais e coordenadas. Os alunos assimilam as regras, compreendem o contexto de desenvolvimento do jogo e aprendem a dosar seus esforços mediante a prática com seus companheiros e adversários. E para favorecer o aprendizado de todos esses comportamentos pré-esportivos (habilidades e padrões motores geral e específico), apresentamos no, Quadro 6.2, a seguir, algumas propostas para a prática de jogos pré-desportivos a fim de fomentar a construção dos elementos básicos do handebol: deslocamentos, passar e receber, arremessar, interceptar passes etc.

Quadro 6.2 **Sugestões de jogos pré-desportivos para o ensino do handebol**

Jogo 1 – A águia e as galinhas	
Objetivo: proteger o objetivo (deslocamentos defensivos)	
Descrição	Descrição gráfica
As águias ficam com uma bola de espuma/macia fora do círculo, e a galinha se posiciona com os pintinhos dentro do círculo. A bola tem que tocar o último pintinho. Quem conseguir acertar o último pintinho se torna a galinha (Patón, 2010).	

(Quadro 6.2 – continuação)

Jogo 2 – Derrubar o castelo

Objetivo: coordenação das ações defensivas (bloquear arremessos)

Descrição	Descrição gráfica
Jogo disputado entre duas equipes. Enquanto uma troca passes e tenta derrubar o cone no centro do círculo, a outra, sem adentrar a zona de proteção do alvo (cone), tenta impedir que a equipe atacante derrube ou acerte o alvo (Patón, 2010).	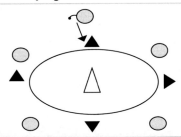

Jogo 3 – Proteger o fugitivo

Objetivo: desenvolver diferentes tipos de deslocamentos

Descrição	Descrição gráfica
Jogo disputado em grupos com quatro ou cinco jogadores, sendo um deles o pegador, o qual escolhe um fugitivo para tentar pegar, enquanto os demais jogadores atrapalham os deslocamentos do pegador. É possível que pegador e fugitivo estejam driblando uma bola (Patón, 2010).	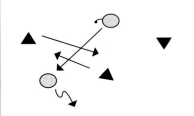

Jogo 4 – Assalto à fortaleza

Objetivo: desenvolver diferentes tipos de deslocamentos com e sem bola

Descrição	Descrição gráfica
Duas equipes tentam atravessar a meia quadra adversária para chegar à área de gol e, depois, devem retornar driblando a bola até sua própria área de gol. Caso o jogador seja tocado, deverá permanecer sentado até ser salvo por um companheiro. Vence a equipe que consegue levar todas as bolas para sua própria área de gol (Patón, 2010).	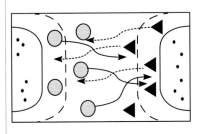

(Quadro 6.2 – conclusão)

Jogo 5 – Pega com bola

Objetivo: desenvolver diferentes tipos de deslocamentos com bola e passes

Descrição	Descrição gráfica
Os jogadores pegadores são distribuídos aleatoriamente pela quadra e devem permanecer dentro de um arco (bambolê), sendo que um deles terá a posse de uma bola, enquanto o jogador fugitivo dribla uma bola pela zona delimitada. Os jogadores devem trocar passes e tentar encostar a bola no jogador fugitivo, sendo permitido colocar, no máximo, um dos pés fora do arco. Quem conseguir pegar o fugitivo deixará de ser pegador e se tornará fugitivo.	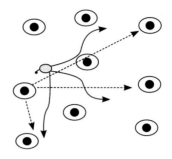

Jogo 6 – Jogo de dez passes no arco

Objetivo: desenvolver diferentes tipos de deslocamentos com bola e passes

Descrição	Descrição gráfica
Jogo disputado por duas equipes compostas, no máximo, por cinco jogadores. Eles jogam entre si com o intuito de realizar dez passes sem que a equipe adversária intercepte. Mas, para que o passe seja contabilizado, o jogador deverá receber a bola dentro de um dos arcos espalhados aleatoriamente pela quadra. A quantidade de arcos deve ser superior à de jogadores.	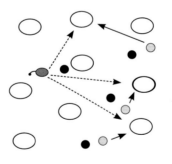

Fonte: Elaborado com base em Patón, 2010.

A prática desses exemplos deve ocorrer gradativa e progressivamente. Tanto é possível incorporar a elas as regras do handebol como, também, variações que permitam transcender os objetivos originais de cada atividade. Sob essa perspectiva, os professores/treinadores devem se certificar de que as ações dos jogadores sejam semelhantes às do handebol, mas permitindo maior flexibilidade e simplicidade, além de promover adaptações em termos de distâncias, pesos e tipos de bolas e/ou tempos de jogo, lembrando sempre de respeitar as características fisiológicas dos alunos.

Síntese

Neste capítulo, abordamos o papel educativo do handebol, modalidade que, enquanto prática moral, cultural e social, auxilia na formação humana. No contexto escolar, o trabalho com esse esporte deve consistir em atividades lúdicas e prazerosas, mediadas pela experiência do desafio, da satisfação de resolver um problema ou ultrapassar as dificuldades que surgem ao longo do jogo, contribuindo para tornar os alunos mais ativos e conscientes.

Sob essa perspectiva, o professor é o principal responsável por elaborar uma proposta de ensino pautada na equidade de participação e inclusão, atendendo às possibilidades e aos interesses dos alunos. Ao mesmo tempo, essa proposta deve estar voltada ao aprimoramento da capacidade de jogar, bem como de entender e fruir o jogo e seus elementos intervenientes (cooperação, oposição, autonomia e interdependência). Para tanto, faz-se necessário adotar uma visão global do processo de ensino que respeite as fases do desenvolvimento humano, a fim de melhorar as habilidades motoras e psicomotoras, assim como os aspectos afetivos, cognitivos e sociais da personalidade dos alunos.

Assim, é importante que o ensino promova vivências positivas relacionadas ao esporte, proporcionando aos alunos que estejam o máximo de tempo possível em movimento e em contato com a bola. Nessa ótica, uma boa estratégia é propiciar a prática do mini-handebol, modalidade que envolve algumas adaptações das regras oficiais e que é orientada para o brincar. Ao longo do capítulo, apresentamos as especificações para o desenvolvimento desse esporte, como a divisão das categorias (A, B e C), as sugestões de adaptação dos elementos do handebol (quadra de jogo, bolas, traves etc.), entre outras.

Atividades de autoavaliação

1. Como deve ocorrer a prática do handebol em ambiente escolar?

   a) Deve ser uma atividade diretiva mediada pela cobrança técnica.

   b) Deve ser uma atividade direcionada ao desenvolvimento da aptidão física.

   c) Deve ser uma atividade lúdica para promover a recreação e a descontração.

   d) Deve ser uma atividade lúdica e prazerosa mediada pela experiência do desafio.

   e) Deve ser uma atividade voltada ao desenvolvimento psicológico dos alunos.

2. Qual visão de ensino os professores devem adotar no ensino do handebol?

   a) Uma visão parcial do processo de ensino, respeitando as fases do desenvolvimento humano.

   b) Uma visão global do processo de ensino, sem se preocupar com as fases do desenvolvimento humano.

c) Uma visão global do processo de ensino, respeitando as classes socioeconômicas dos alunos.

d) Uma visão global do processo de ensino, respeitando as fases do desenvolvimento humano.

e) Uma visão local do processo de ensino, sem se preocupar com as fases do desenvolvimento humano.

3. Considerando o mini-handebol como uma proposta adequada para o ensino do esporte, qual das alternativas a seguir apresenta uma regra correta?

a) A quadra mede 10 x 15 m.

b) Cada equipe é composta por cinco jogadores (sendo um deles o goleiro).

c) As traves têm 1,50 m de altura e 2 m de largura.

d) Joga-se apenas um tempo de 20 minutos.

e) Os jogadores podem dar mais de três passos com a bola na mão.

4. Para qual faixa etária o mini-handebol é adequado?

a) Para crianças entre 3 e 7 anos de idade.

b) Para crianças entre 4 e 8 anos de idade.

c) Para crianças entre 5 e 11 anos de idade.

d) Para crianças entre 6 e 12 anos de idade.

e) Para crianças entre 7 e 13 anos de idade.

5. Quais são os elementos intervenientes do jogo de handebol que devem ser desenvolvidos no ensino desse esporte?

a) Cooperação, oposição, autonomia e interdependência.

b) Cooperação, oposição, autonomia e dependência.

c) Cooperação, força, autonomia e interdependência.

d) Cooperação, oposição, obediência e interdependência.

e) Cooperação, reflexão, autonomia e interdependência.

■ *Atividades de aprendizagem*

Questões para reflexão

1. Reflita sobre as possibilidades de implementar o aprendizado dos valores necessários para a vida durante a prática dos jogos pré-desportivos de handebol.

2. Quais adaptações podem ser realizadas nas atividades para que os alunos se mantenham o máximo de tempo possível em movimento e em contato com a bola?

Atividade aplicada: prática

1. Desenvolva a atividade proposta no Quadro 6.1 com um grupo de crianças e tome notas a respeito de suas observações sobre os valores vivenciados e desenvolvidos nos alunos durante a prática.

Considerações finais

Enquanto prática moral, cultural e social, o handebol desempenha um grande papel educativo para a formação humana. Contudo, sua prática deve ser lúdica e prazerosa, mediada pela experiência do desafio, da satisfação de resolver um problema ou de ultrapassar as dificuldades encontradas durante a prática do jogo.

O handebol é uma modalidade esportiva de invasão em que ocorrem constantes situações de oposição entre os jogadores adversários e de cooperação entre os da própria equipe. Nessa ótica, como vimos, o ensino dessa modalidade deve ser dividido em etapas (iniciação, aprendizagem e especialização), sempre focando no desenvolvimento da capacidade de jogo, mediante a escolha da metodologia mais adequada (*sports education* e TGfU).

Ainda, explanamos em detalhes o processo formativo e as metodologias de ensino desse esporte, além dos aspectos tático-técnicos (elementos individuais e meios grupais) e dos sistemas de jogo, com destaque para os aspectos relacionados ao goleiro e à preparação física.

Nesse cenário, é fundamental que o professor seja capaz de construir tarefas com situações-problemas táticas, para que o aprendiz entenda o significado funcional do que está aprendendo com base no contexto mais verdadeiro possível do jogo.

Muito nos preocupamos em elaborar um material de alta qualidade. Para tanto, buscamos informações nas bases de dados mais fidedignas disponíveis *on-line*, bem como nas obras conceituais dos autores mais expressivos da modalidade no mundo. Diante do exposto, esperamos que este livro tenha contribuído para aprimorar seus conhecimentos sobre o handebol e que possa servir de base para suas aplicações profissionais vinculadas a esse esporte.

Lista de siglas

Abrahcar – Associação Brasileira de Handebol em Cadeira de Rodas

AHF – Asian Handball Federation

Apef/SP – Associação dos Professores de Educação Física de São Paulo

CAHB – African Handball Confederation

CAR/EHF – Comissão de Arbitragem da European Handball Federation

CAR/IHF – Comissão de Arbitragem da International Handball Federation

CBD – Confederação Brasileira dos Desportos

CBHb – Confederação Brasileira de Handebol

CND – Conselho Nacional de Desportos

COHP – Comitê Organizador de Handebol de Praia

COI – Comitê Olímpico Internacional

DPJ – Desenvolvimento Positivo dos Jovens

EAT – Ensino-Aprendizagem-Treinamento

ECP – Esporte Clube Pinheiros

EHF – European Handball Federation

FC – Frequência cardíaca

FFHB – Federação Francesa de Handebol

FPHb – Federação Paulista de Handebol

HCR – Handebol em cadeira de rodas

IAHF – International Amateur Handball Federation

IHF – International Handball Federation

IPC – Comitê Paralímpico Internacional

JEBs – Jogos Estudantis Brasileiros

JECs – Jogos Esportivos Coletivos

JHA – Associação Japonesa de Handebol

JUBs – Jogos Universitários Brasileiros

JWHF – Federação Japonesa de Handebol em Cadeira de Rodas

MCJI – Modelo de competência nos jogos de invasão

NACHC – North America and Caribbean Handball Federation

OCHF – Oceania Continental Handball Federation

PATHF – Federação Pan-Americana de Handebol

PYD – *Positive Youth Development*

SCAHC – South and Central America Handball Confederation

SSGs – *Small-sided games*

TGfU – *Teaching Games for Understanding*

Ufal – Universidade Federal de Alagoas

UNESCO – Organização das Nações Unidas para a Educação, a Ciência e a Cultura

USP – Universidade de São Paulo

Referências

ABREU, D. M.; BERGAMASCHI, M. G. **Teoria e prática do mini-handebol**. Jundiaí: Paco Editorial, 2017.

ABREU, D. M. **Mini-handebol Brasil**. São Paulo: Confederação Brasileira de Handebol, 2021.

AGUIAR, M. et al. A Review on the Effects of Soccer Small-Sided Games. **Journal of Human Kinetics**, n. 33, p. 103-113, Jun. 2012.

AGUILAR, Ó. G. **Balonmano**: contenidos teóricos. Elche: Ed. da UMH, 2014.

ALMEIDA, M. A. B. de; GUTIERREZ, G. L. Esporte e sociedade. **Lecturas: Educación Física y Deportes**, año 14, n. 133, Jun. 2009. Disponível em: <http://www.efdeportes.com/efd133/esporte-e-sociedade.htm>. Acesso em: 2 jul. 2023.

ANFILO, M. A. **A prática pedagógica do treinador da Seleção Brasileira masculina de voleibol**: processo de evolução tática e técnica na categoria infanto-juvenil. 182 f. Dissertação (Mestrado em Educação Física) – Universidade Federal de Santa Catarina, Florianópolis, 2003. Disponível em: <https://repositorio.ufsc.br/bitstream/handle/123456789/86365/202981.pdf?sequence=1&isAllowed=y>. Acesso em: 10 ago. 2023.

ANTÓN GARCÍA, J. L. **Balonmano**: fundamentos y etapas del aprendizaje – un proyecto de escuela española. Madri: Gymnos, 1990.

ANTÓN GARCÍA, J. L. **Balonmano**: nuevas aportaciones para el perfeccionamiento y la investigación. Barcelona: Inde, 2000.

ANTÓN GARCÍA, J. L. **Balonmano**: táctica grupal defensiva – concepto, estructura y metodololgía. Granada: Grupo Editorial Universitario, 2002.

ANTÓN GARCÍA, J. L. **Balonmano**: táctica grupal ofensiva – concepto, estructura y metodología. Madri: Gymnos, 1998.

ANTÚNEZ MEDINA, A.; UREÑA ORTÍN, N. **Guía didáctica de balonmano**. Murcia: Diego Marin, 2002.

BÁRCENAS GONZÁLES, D.; ROMÁN, J. de D. **Balonmano**: tecnica y metodologia. Madrid: Gymnos, 1997.

BARO, J. P. M. **Balonmano playa**. Sevilla: Wanceulen, 2017.

BARROSO, A. L. R.; DARIDO, S. C. A pedagogia do esporte e as dimensões dos conteúdos: conceitual, procedimental e atitudinal. **Revista da Educação Física da UEM**, v. 20, n. 2, p. 281-289, 2009. Disponível em: <https://periodicos.uem.br/ojs/index.php/RevEducFis/article/download/3884/4440/>. Acesso em: 20 dez. 2023.

BAYER, C. **La enseñanza de los juegos deportivos colectivos**: baloncesto, fútbol, balonmano, hockey sobre hierba, y sobre hielo, rugby, balonvolea, waterpolo. 2. ed. Barcelona: Hispano Europea, 1992.

BENTO, J. O. **Desporto**: discurso e substância. Porto: Campo das Letras, 2004.

BORGES, M. et al. Handebol em cadeira de rodas: fundamentos da modalidade. **Conexões**, v. 13, n. 3, p. 195-212, jul./set. 2015. Disponível em: <https://periodicos.sbu.unicamp.br/ojs/index.php/conexoes/article/download/8640878/8415/11732>. Acesso em: 2 jul. 2023.

BRASIL. Decreto n. 80.228, de 25 de agosto de 1977. **Diário Oficial da União**, Poder Executivo, Brasília, DF, 26 ago. 1977. Disponível em: <https://www.planalto.gov.br/ccivil_03/decreto/1970-1979/D80228impressao.htm>. Acesso em: 4 jul. 2023.

BUCHHEIT, M. et al. Game-Based Training in Young Elite Handball Players. **International Journal of Sports Medicine**, v. 30, n. 4, p. 251-258, 2009.

BUNKER, D.; THORPE, R. A Model for the Teaching of Games in Secondary Schools. **Bulletin of Physical Education**, v. 18, n. 1, p. 5-8, 1982.

CALEGARI, D. R. **Adaptação do handebol para a prática em cadeira de rodas**. 130 f. Tese (Doutorado em Educação Física) – Universidade Estadual de Campinas, Campinas, 2010a. Disponível em: <https://repositorio.unicamp.br/Busca/Download?codigoArquivo=470635>. Acesso em: 2 jul. 2023.

CALEGARI, D. R. Regras do jogo de handebol em cadeira de rodas. In: CALEGARI, D. R.; GORLA, J. I.; ARAÚJO, P. F. **Handebol em cadeira de rodas**: regras e treinamento. São Paulo: Phorte, 2010b. p. 51-62.

CARDOSO, E. R. P. **Caracterização do contra-ataque no andebol**: estudo em equipas seniores masculinas portuguesas de alto rendimento. 151 f. Dissertação (Mestrado em Ciências do Desporto) – Universidade do Porto, Porto, 2003. Disponível em: <https://repositorio-aberto.up.pt/bitstream/10216/9843/2/5136_TM_01_C.pdf>. Acesso em: 10 ago. 2023.

CASAMICHANA, D.; CASTELLANO, J.; DELLAL, A. Influence of Different Training Regimes on Physical and Physiological Demands During Small-Sided Soccer Games: Continuous vs. Intermittent Format. **The Journal of Strength & Conditioning Research**, v. 27, n. 3, p. 690-697, Mar. 2013.

CASTELO, J. **Futebol**: a organização dinâmica do jogo. Lisboa: Universidade Lusófona, 2009.

CBHB – Confederação Brasileira de Handebol. **Estatuto da Confederação Brasileira de Handebol**. Aracajú, 2000. Disponível em: <https://sge.cbhb.org.br/_uploads/orgaoAnexo/1tP7d4LW_iEN9RT32dFw9LaRIRzihTtEO.pdf>. Acesso em: 10 ago. 2023.

CBHB – Confederação Brasileira de Handebol. **Regras de jogo**: handebol indoor. 2022. Disponível em: <https://sge.cbhb.org.br/_uploads/orgaoAnexo/1ktT-ulLPnU6AgLnjD9WCg11mc2fwPCTw.pdf>. Acesso em: 14 jun. 2023.

COMETTI, G. **La preparación física en el baloncesto**. 2. ed. Zaragoza: Paidotribo, 2019.

CONTRERAS, O. R.; VELÁZQUEZ, R.; DE LA TORRE, E. **Iniciación deportiva**. Madri: Síntesis, 2001.

CORONADO, J. F. O. El balonmano deporte de organización compleja: el error un componente de la auto organización del juego – una propuesta de entrenamiento. In: MOLINA, S. F.; GARCIA-RUBIO, J.; GODOY, S. J. I. (Ed.). **Avances científicos para el aprendizaje y desarrollo del balonmano**. Caceres: Universidad de Extremadura; Servicios de Publicaciones, 2018. p. 229-250.

CUNHA, A.; LIBERATO, A.; IRINEU, J. O ensino do handebol. In: GRAÇA, A.; OLIVEIRA, J. (Org.). **O ensino dos jogos desportivos coletivos**. Porto: FCDEF-UP, 1995. p. 49-61.

CZERWINSKI, J. **El balonmano**: técnica, táctica y entrenamiento. Zaragoza: Paidotribo, 1993.

DARIDO, S. C. Os conteúdos da educação física escolar: influências, tendências, dificuldades e possibilidades. **Perspectivas em Educação Física Escolar**, v. 2, n. 1, p. 5-25, 2001. Disponível em: <https://docplayer.com.br/54588506-Os-conteudos-da-educacao-fisica-escolar-influencias-ten-dencias-dificuldades-e-possibilidades.html>. Acesso em: 2 jul. 2023.

DARIDO, S. C.; RANGEL, I. C. A. (Coord.). **Educação física na escola**: implicações para a prática pedagógica. Rio de Janeiro: Guanabara Koogan, 2005.

DIETRICH, K.; DURRWACHTER, G.; SCHALLER, H. **Os grandes jogos**: metodologia e prática. Rio de Janeiro: Ao Livro Técnico S/A., 1984.

DONEGÁ, A. L. **Análise do processo de ensino-aprendizagem-treinamento do voleibol mirim masculino catarinense**: um estudo de casos. 142 f. Dissertação (Mestrado em Educação Física) – Universidade Federal de Santa Catarina, Florianópolis, 2007. Disponível em: <https://repositorio.ufsc.br/bitstream/handle/123456789/90216/248449.pdf?sequence=1>. Acesso em: 10 ago. 2023.

EHRET, A. et al. **Manual do handebol**: treinamento de base para crianças e adolescentes. São Paulo: Phorte, 2002.

ELENO, T. G.; BARELA, J. A.; KOKUBUN, E. Tipos de esforço e qualidades físicas do handebol. **Revista Brasileira de Ciências do Esporte**, v. 24, n. 1, p. 83-98, 2002. Disponível em: <http://revista.cbce.org.br/index.php/RBCE/article/view/343/298>. Acesso em: 2 jul. 2023.

ESTRIGA, L.; MOREIRA, I. Proposta metodológica de ensino no andebol. In: TAVARES, F. (Ed.). **Jogos desportivos coletivos**: ensinar a jogar. Porto: Fadeup, 2013. p. 123-164.

EUROPEAN COMMISSION; EACEA; EURYDICE. **Physical Education and Sport at School in Europe**: Eurydice Report. Luxemburgo: Publications Office of the European Union, 2013. Disponível em: <https://op.europa.eu/en/publication-detail/-/publication/1235c563-def0-401b-9e44-45f68834d0de/language-en>. Acesso em: 3 jul. 2023.

FPHB – Federação Paulista de Handebol. **História do handebol**. 2010. Disponível em: <https://fphand.com.br/home/historia-do-handebol/>. Acesso em: 16 abr. 2023.

FUENTES-GUERRA, F. J. G. **El deporte en el marco de la educación física**. Sevilla: Wanceulen, 2003.

GALATTI, L. R.; PAES, R. R. Fundamentos da pedagogia do esporte no cenário escolar. **Movimento e Percepção**, v. 6, n. 9, p. 16-25, jul./dez. 2006. Disponível em: <http://ferramentas.unipinhal.edu.br/movimentoepercepcao/viewarticle.php?id=79>. Acesso em: 20 dez. 2023.

GARCÍA HERRERO, J. A. **Entrenamiento en balonmano**: bases de la construcción de un proyecto de formación defensiva. Zaragoza: Paidotribo, 2003.

GARCÍA HERRERO, J. A.; RUIZ PÉREZ, L. M. Análisis comparativo de dos modelos de intervención en el aprendizaje del balonmano. **Revista de Psicología del Deporte**, v. 12, n. 1, p. 55-66, 2003. Disponível em: <https://ddd.uab.cat/pub/revpsidep/19885636v12n1/19885636v12n1p55.pdf>. Acesso em: 2 jul. 2023.

GARGANTA, J. et al. Fundamentos e práticas para o ensino e treino do futebol. In: TAVARES, F. (Ed.). **Jogos desportivos coletivos**: ensinar a jogar. Porto: Fadeup, 2013. p. 199-263.

GARGANTA, J. **Modelação táctica no jogo de futebol**: estudo da organização da fase ofensiva em equipas de alto rendimento. 318 f. Tese (Doutorado em Ciências do Desporto) – Universidade do Porto, Porto, 1997. Disponível em: <https://repositorio-aberto.up.pt/bitstream/10216/10267/2/752_TD_01_C.pdf>. Acesso em: 15 ago. 2023.

GARGANTA, J. O treino da táctica e da estratégia nos jogos desportivos colectivos. In: GARGANTA, J. (Ed.). **Horizontes e órbitas no treino dos jogos desportivos**. Porto: Fadeup, 2000. p. 51-61.

GIMÉNEZ, F. J. **El deporte en el marco de la educación física**. Sevilla: Wanceulen, 2003.

GIMÉNEZ, J.; ABAD, M.; ROBLES, J. La enseñanza del deporte desde la perspectiva educativa. **Wanceulen E. F. Digital**, n. 5, p. 91-103, abr. 2009. Disponível em: <https://rabida.uhu.es/dspace/bitstream/handle/10272/3316/b15548818.pdf>. Acesso em: 2 jul. 2023.

GOMES, F. P. de O. **Análise de jogo em andebol**: caracterização do processo defensivo, em situação de 6x6, dos três primeiros classificados no Campeonato da Europa 2006, seniores masculinos. Dissertação (Mestrado em Treino de Alto Rendimento) – Universidade Técnica de Lisboa, Lisboa, 2008. Disponível em: <https://www.repository.utl.pt/bitstream/10400.5/389/1/Tese%20M_F.Gomes.pdf>. Acesso em: 10 ago. 2023.

GONZÁLEZ, J. J.; GOROSTIAGA, E. **Fundamentos del entrenamiento de la fuerza**: aplicación al alto rendimiento deportivo. Barcelona: Inde, 1995.

GONZÁLEZ, J. J.; SERNA, J. R. **Bases de la programación del entrenamiento de fuerza**. Barcelona: Inde, 2002.

GOROSTIAGA, E. M. et al. Differences in Physical Fitness and Throwing Velocity among Elite and Amateur Male Handball Players. **International Journal of Sports Medicine**, v. 26, n. 3, p. 225-232, Apr. 2005.

GRAÇA, A. Concepções didácticas sobre o ensino do jogo. In: IBAÑEZ-GODOY, S.; MACÍAS-GARCÍA, M. (Ed.). **Novos horizontes para o treino do basquetebol**. Oeiras: Universidade Técnica de Lisboa, 2002. p. 21-36.

GRAÇA, A.; MESQUITA, I. A investigação sobre modelos de ensino dos jogos desportivos. **Revista Portuguesa de Ciências do Desporto**, v. 7, n. 3, p. 401-421, 2007. Disponível em: <https://rpcd.fade.up.pt/_arquivo/artigos_soltos/vol.7_nr.3/4-01.pdf>. Acesso em: 20 dez. 2023.

GRAÇA, A.; MESQUITA, I. Modelos e conceções de ensino dos jogos desportivos. In: TAVARES, F. (Ed.). **Jogos desportivos coletivos**: ensinar a jogar. Porto: Universidade do Porto, 2013. p. 9-54.

GRAÇA, A.; RICARDO, V.; PINTO, D. O ensino do basquetebol: aplicar o modelo de competência nos jogos de invasão criando um contexto desportivo autêntico. In: TANI, G.; BENTO, J. O.; PETERSEN, R. D. de S. (Ed.). **Pedagogia do desporto**. Rio de Janeiro: Guanabara Koogan, 2006. p. 299-331.

GRECO, P. J.; BENDA, R. N.; RIBAS, J. Estrutura temporal. In: GRECO, P. J.; BENDA, R. N.(Org.). **Iniciação esportiva universal I**: da aprendizagem motora ao treinamento técnico. Belo Horizonte: Ed. da UFMG, 1998. p. 46-80.

GRECO, P. J. (Org.). **Iniciação esportiva universal II**: metodologia da iniciação esportiva na escola e no clube. Belo Horizonte: Ed. da UFMG, 1998.

GRECO, P. J.; ROMERO, J. J. F. (Org.). **Manual de handebol**: da iniciação ao alto nível. São Paulo: Phorte, 2011.

GRECO, P. J.; SILVA, S. A.; GRECO, F. L. O sistema de formação e treinamento esportivo no handebol brasileiro (SFTE-HB). In: GRECO, P. J.; ROMERO, J. J. F. (Org.). **Manual de handebol**: da iniciação ao alto nível. São Paulo: Phorte, 2012. p. 235-250.

HALOUANI, J. et al. Small-Sided Games in Team Sports Training: a Brief Review. **The Journal of Strength & Conditioning Research**, v. 28, n. 12, p. 3594-3618, 2014.

HAPKOVÁ, I.; ESTRIGA, L.; ROT, C. **Teaching Handball**. Cairo: Police Press, 2019. v. 1: Teacher Guidelines. Disponível em: <https://www.ihf.info/sites/default/files/2020-02/H%40S%20booklet_0.pdf>. Acesso em: 3 jul. 2023.

HERNÁNDEZ CRUZ, L. de J. El perfeccionamiento de la dirección teórica de la preparación del deportista en el balonmano escolar. **DeporVida**, v. 9, n. 17, p. 1-15, 2012. Disponível em: <https://deporvida.uho.edu.cu/index.php/deporvida/article/download/176/210/216>. Acesso em: 10 ago. 2023.

HERNÁNDEZ MORENO, J. et al. La iniciación a los deportes de equipo de cooperación/oposición desde la estructura y dinámica de la acción de juego: un nuevo enfoque. **Lecturas - Educación Física y Deportes**, ano 6, n. 33, mar. 2001. Disponível em: <https://www.efdeportes.com/efd33/inicdep.htm>. Acesso em: 3 jul. 2023.

HILL-HAAS, S. V. et al. Generic versus Small-Sided Game Training in Soccer. **International Journal of Sports Medicine**, v. 30, n. 9, p. 636-642, Sep. 2009.

HOLT, N. L. et al. A Grounded Theory of Positive Youth Development Through Sport Based on Results from a Qualitative Meta-Study. **International Review of Sport and Exercise Psychology**, v. 10, n. 1, p. 1-49, Jan. 2017.

HUBNER, E.; REIS, C. Handebol. In: DACOSTA, L. (Org.). **Atlas do esporte no Brasil**. Rio de Janeiro: Shape, 2005. p. 281-284.

IACONO, A. D. et al. Effect of Small-Sided Games and Repeated Shuffle Sprint Training on Physical Performance in Elite Handball Players. **The Journal of Strength & Conditioning Research**, v. 30, n. 3, p. 830-840, Mar. 2016.

IHF – International Handball Federation. **Brazil Seal Gold at IHF Four-a-Side Wheelchair Handball Championship**. 25 set. 2022a. Disponível em: <https://www.ihf.info/media-center/news/brazil-seal-gold-ihf-four-side-wheelchair-handball-championship>. Acesso em: 4 ago. 2023.

IHF – International Handball Federation. **Competition Archive**. 2019. Disponível em: <http://www.ihf.info/en-us/ihfcompetitions/competitionsarchive.aspx>. Acesso em: 1º jun. 2019.

IHF – International Handball Federation. **Enseñanza del balonmano en la escuela**: introducción al balonmano para niños entre 5 y 11 años. 2016. Disponível em: <http://handbolpardinyes.com/wp-content/uploads/2015/04/BALONMANO-EN-LA-ESCUELA.pdf>. Acesso em: 20 dez. 2023.

IHF – International Handball Federation. **Euro Hand 4 All Wheelchair Handball Tournament Held in France**. 6 jul. 2022b. Disponível em: <https://www.ihf.info/media-center/news/euro-hand-4-all-wheelchair-handball-tournament-held-france>. Acesso em: 10 jul. 2023.

IHF – International Handball Federation. **Evolution of a Discipline, of a Sport**: Wheelchair Handball and the IHF. 16 jul. 2021a. Disponível em: <https://www.ihf.info/media-center/news/evolution-discipline-sport-wheelchair-handball-and-ihf>. Acesso em: 2 ago. 2022.

IHF – International Handball Federation. **IX. Rules of the Game**: a) Indoor Handball. 2022c. Disponível em: <https://www.ihf.info/sites/default/files/2022-09/09A%20-%20Rules%20of%20the%20Game_Indoor%20Handball_E.pdf>. Acesso em: 16 abr. 2023.

IHF – International Handball Federation. **IX. Rules of the Game**: b) Beach Handball. 2021b. Disponível em: <https://www.ihf.info/sites/default/files/2022-02/09B%20-%20Rules%20of%20the%20Game_Beach%20Handball_E.pdf>. Acesso em: 16 abr. 2023.

IHF – International Handball Federation. **IX. Rules of the Game**: c) Wheelchair Handball Six-a-Side. 2021c. Disponível em: <https://www.ihf.info/sites/default/files/2021-07/09%20-%20Rules%20of%20the%20Game_Wheelchair%20Handball_6-a-side_E.pdf>. Acesso em: 16 abr. 2023.

IHF – International Handball Federation. **IX. Rules of the Game**: d) Wheelchair Handball Four-a-Side. 2021d. Disponível em: <https://www.ihf.info/sites/default/files/2021-04/09%20-%20Rules%20of%20the%20Game_Wheelchair%20Handball_4-a-side_E_0.pdf>. Acesso em: 16 abr. 2023.

IHF – International Handball Federation. **Pullback – fast-break defence – counterattack**. Disponível em: <https://archive.ihf.info/en-us/ihfcompetitions/worldchampionships/mensworldchampionships/xxiimenshandballworldchampionship2011/technicalcorner/pullback%E2%80%93fast-breakdefence%E2%80%93counterattack.aspx>. Acesso em: 10 jul. 2023a.

IHF – International Handball Federation. **Regulations Documents**. Disponível em: <https://www.ihf.info/regulations-documents/361?selected=Rules%20of%20the%20Game>. Acesso em: 16 abr. 2023b.

IHF – International Handball Federation. **Spain vs Australia | Preliminary Round | 2018 IHF Women's Beach Handball World Championship**. 2018. Disponível em: <https://www.youtube.com/watch?v=lXjcPMlzlpM>. Acesso em: 10 ago. 2023

JIMÉNEZ, F. J. **Deporte y educación**: la iniciación deportiva escolar como concepto y práctica. 2012. Disponível em: <https://campusvirtual.ull.es/ocw/pluginfile.php/3703/mod_resource/content/0/TEMA3Ide-11-12.pdf>. Acesso em: 3 jul. 2023.

KARCHER, C.; BUCHHEIT, M. On-Court Demands of Elite Handball, with Special Reference to Playing Positions. **Sports Medicine**, v. 44, n. 6, p. 797-814, Jun 2014.

KRAHENBÜHL, T. et al. Competição de base e a formação de jovens atletas na perspectiva de treinadores de elite no handebol. **Pensar a Prática**, v. 22, p. 1-13, 2019. Disponível em: <https://revistas.ufg.br/fef/article/view/53089/33293>. Acesso em: 10 ago. 2023.

LÓPEZ GRAÑA, M. **Análisis observacional de los comportamientos técnico-tácticos individuales defensivos en balonmano en categoría juvenil masculino**. 341 f. Doutorado (Monográfico) – Departamento de Educación Física e Deportiva, Universidade da Coruña, La Curña, 2008. Disponível em: <https://ruc.udc.es/dspace/handle/2183/1121>. Acesso em: 16 abr. 2023.

LOZANO, D.; CAMERINO, O.; HILENO, R. Interacción dinámica ofensiva en balonmano de alto rendimiento. **Apunts Educación Física y Deportes**, n. 125, p. 90-110, jul./sep. 2016. Disponível em: <https://raco.cat/index.php/ApuntsEFD/article/view/314477/404625>. Acesso em: 3 jul. 2023.

MACHADO, T. **Brasileiro e Mundial movimentam semana**. 23 set. 2013. Disponível em: <https://handebolminuto.wordpress.com/2013/09/23/brasileiro-e-mundial-movimentam-semana>. Acesso em: 10 jul. 2023.

MAGLIANO, M. **Beach Handball na prática**. 2018. Disponível em: <www.marciomagliano.com.br>. Acesso em: 9 dez. 2020.

MARQUES, A. T. Desporto e futuro: o futuro do desporto. In: GARGANTA, J. (Ed.). **Horizontes e órbitas no treino dos jogos desportivos**. Porto: Fadeup, 2000. p. 7-20.

MARQUES, R. F. R.; ALMEIDA, M. A. B. de; GUTIERREZ, G. L. Esporte: um fenômeno heterogêneo – estudo sobre o esporte e suas manifestações na sociedade contemporânea. **Movimento**, v. 13, n. 3, p. 225-242, set./dez. 2007. Disponível em: <https://seer.ufrgs.br/index.php/Movimento/article/view/3580/1975>. Acesso em: 3 jul. 2023.

MARQUES, R. F. R.; GUTIERREZ, G. L.; ALMEIDA, M. A. B. de. Esporte na empresa: a complexidade da integração interpessoal. **Revista Brasileira de Educação Física e Esporte**, v. 20, n. 1, p. 27-36, jan./mar. 2006. Disponível em: <https://www.revistas.usp.br/rbefe/article/download/16611/18324/19761>. Acesso em: 3 jul. 2023.

MENDES, J. C. **Construção do modelo de jogo das seleções brasileiras masculinas juvenil e adulta de handebol**. 164 f. Tese (Doutorado em Educação Física) – Universidade Federal de Santa Catarina, Florianópolis, 2020. Disponível em: <https://repositorio.ufsc.br/bitstream/handle/123456789/215834/PGEF0560-T.pdf?sequence=-1&isAllowed=y>. Acesso em: 15 ago. 2023.

MENDES, J. C. et al. Construcción del modelo de juego em balonmano. **Pensar en Movimiento – Revista de Ciencias del Ejercicio y la Salud**, v. 19, n. 1, p. 188-213, 2021. Disponível em: <https://www.scielo.sa.cr/pdf/pem/v19n1/1659-4436-pem-19-01-00189.pdf>. Acesso em: 3 jul. 2023.

MENDES, J. C. **O processo de ensino-aprendizagem-treinamento do handebol no Estado do Paraná**: estudo da categoria infantil. 114 f. Dissertação (Mestrado em Educação Física) – Universidade Federal de Santa Catarina, Florianópolis, 2006. Disponível em: <https://repositorio.ufsc.br/handle/123456789/88600>. Acesso em: 16 abr. 2023.

MESQUITA, I.; GRAÇA, A. Modelos de ensino dos jogos desportivos. In: TANI, G.; BENTO, J. O.; PETERSEN, R. D. de S. (Ed.). **Pedagogia do desporto**. Rio de Janeiro: Guanabara Koogan, 2006. p. 269-283.

MESQUITA, I.; GRAÇA, A. Modelos instrucionais no ensino do desporto. In: ROSADO, A.; MESQUITA, I. **Pedagogia do desporto**. Lisboa: Edições FMH-UTL, 2009. p. 39-68.

METZLER, M. Instructional Models for Physical Education. **Allyn and Bacon**, n. 27, p. 14-15, 2000.

METZLER, M. W. **Instructional Models for Physical Education**. 2. ed. Scottsdale: Holcomb Hathaway, 2005.

METZLER, M. **Instructional Models in Physical Education**. New York: Routledge, 2017.

MILISTETD, M. et al. **Coleção Cadernos do treinador**: desenvolvimento positivo de jovens. Florianópolis: UFSC, 2020. Disponível em: <https://unigra.com.br/arquivos/cadernos-do-treinador--desenvolvime nto-positivo-de-jovens-.pdf>. Acesso em: 3 jul. 2023.

MUSCH, E. et al. An Innovative Didactical Invasion Games Model to Teach Basketball and Handball. In: ANNUAL CONGRESS OF THE EUROPEAN COLLEGE OF SPORT SCIENCE. 7. 2002, Atenas.

NAGY-KUNSAGI, P. **Handebol**. 2. ed. Rio de Janeiro: Palestra Edições Desportivas, 1983.

NOWIŃSKI, W. **Handball Goalkeeper**: the first steps. [S.l.: s.n.], 2010.

NUNES, C. C.; ROCHA, M. J. F. Um breve relato histórico do handebol no Brasil: o caso da Liga Nacional de Handebol. **Revista Observatorio del Deporte**, v. 3, n. 5, p. 15-27, sept./oct. 2017. Disponível em: <https://revistaobservatoriodeldeporte.cl/index.php/odep/article/view/162/152>. Acesso em: 15 dez. 2023.

PARLEBAS, P. **Juegos, deporte y sociedad**: léxico de praxeología motriz. Zaragoza: Paidotribo, 2008.

PARLEBAS, P. **Praxiología en los juegos deportivos**. Paris: Insem, 1981.

PATÓN, R. N. Aprendiendo a jugar, jugando al balonmano: didáctica de los juegos aplicados al balonmano. **EmásF – Revista Digital de Educación Física**, año 1, n. 2, p, ene./feb. 5-13, 2010. Disponível em: <https://dialnet.unirioja.es/servlet/articulo?codigo=3175416>. Acesso em: 3 jul. 2023.

POWERS, S. K.; HOWLEY, E. T. **Fisiologia do exercício**: teoria e aplicação ao condicionamento e ao desempenho. Tradução de Beatriz Araujo do Rosário. Barueri: Manole, 2000.

PRONI, M. W. Esporte-espetáculo e futebol-empresa. 275 f. Tese (Doutorado em Educação Física) – Universidade Estadual de Campinas, Campinas, 1998. Disponível em: <https://ludopedio.org.br/biblioteca/esporte-esp etaculo-e-futebol-empresa/>. Acesso em: 15 dez. 2023.

PRUDENTE, J.; GARGANTA, J.; ANGUERA, M. T. Desenho e validação de um sistema de observação no Andebol. **Revista Portuguesa de Ciências do Desporto**, v. 4, n. 3, p. 49-65, 2004. Disponível em: <https://rpcd.fade.up.pt/_arquivo/artigos_soltos/vol.4_nr.3/1.06_joao_prudente.pdf>. Acesso em: 10 dez. 2023.

PRUDENTE, J. F. P. N. **Análise da performance táctico-técnica no andebol de alto nível**: estudo das acções ofensivas com recurso à análise sequencial. 321 f. Tese (Doutorado em Ciências do Desporto) – Universidade da Madeira, Madeira, Portugal, 2006. Disponível em: <https://digituma.uma.pt/bitstream/10400.13/123/1/DoutoramentoJo%c3%a3o%20Prudente.pdf>. Acesso em: 10 ago. 2023.

REIS, H. H. B. d. A gênese do handebol: primeiras aproximações. In: GRECO, P. J.; ROMERO, J. J. F. (Org.). **Manual de handebol**: da iniciação ao alto nível. São Paulo: Phorte, 2012. p. 23-24.

RIZZO, D. S.; FERREIRA, A. M. L.; SOUZA, W. C. Desenvolvimento positivo dos jovens (DPJ) através do esporte: perspectivas em países da língua portuguesa. **Conexões**, v. 12, n. 3, p. 106-120, jul./set. 2014. Disponível em: <https://periodicos.sbu.unicamp.br/ojs/index.php/conexoes/article/view/2161/pdf_7>. Acesso em: 3 jul. 2023.

ROMÁN SECO, J. de D. **Evolución del deporte de balonmano**: aproximación histórica. 2015. Disponível em: <https://oa.upm.es/48048/1/MONOGRAFICO_JUAN_DE_DIOS_ROMAN_SECO.pdf>. Acesso em: 3 jul. 2023.

ROMÁN SECO, J. de D. **Evolución del juego**: análisis histórico. 2013. Disponível em: <https://oa.upm.es/48096/1/MONOGRAFICO_JUAN_DE_DIOS_ROMAN_SECO_02.pdf>. Acesso em: 3 jul. 2023.

ROMÁN SECO, J. de D. **Evolución del juego**: el balonmano y las reglas de juego. 2019. Disponível em: <https://oa.upm.es/48097/13/MONOGRAFICO_JUAN_DE_DIOS_ROMAN_SECO_03_V2.pdf>. Acesso em: 3 jul. 2023.

ROMÁN SECO, J. de D. La evolución del juego de ataque en balonmano: revisión histórica – los inicios del siglo XXI. **Revista Digital Deportiva**, v. 3, n. 4, p. 79-99, 2007. Disponível em: <http://ojs.e-balonmano.com/index.php/revista/article/view/20/18>. Acesso em: 3 jul. 2023.

ROMÁN SECO, J. de D. Los inicios del siglo XXI: evolución y tendencias del juego. **Revista de Ciencias del Deporte**, v. 2, n. 1, p. 3-14, 2006. Disponível em: <https://www.redalyc.org/pdf/865/86502101.pdf>. Acesso em: 20 dez. 2023.

ROSAL ASENSIO, T. del. Propuesta de un método de entrenamiento de contrastes. Aplicación práctica. **Comunicaciones Técnicas RFEBM**, n. 221, p. 2-15, 2002. Disponível em: <https://barbolax.files.wordpress.com/2017/03/ct221-rfebm_propuesta-metodo-entrenamiento-de-contrastes-txema-del-rosal_barbolax.pdf>. Acesso em: 3 jul. 2023.

ROSE JUNIOR, D. de; TRICOLI, V. Basquetebol: conceitos e abordagens gerais. In: ROSE JUNIOR, D. de; TRICOLI, V. (Org.). **Basquetebol**: uma visão integrada entre ciência e prática. Barueri: Manole, 2005. p. 1-14.

SAAD, M. A. **Estruturação das sessões de treinamento técnico-tático nos escalões de formação do futsal**. 112 f. Dissertação (Mestrado em Educação Física) – Universidade Federal de Santa Catarina, Florianópolis, 2002. Disponível em: <https://repositorio.ufsc.br/bitstream/handle/123456789/83450/188807.pdf?sequence=1&isAllowed=y>. Acesso em: 10 ago. 2023.

SANTANA, W. d. Pedagogia do esporte na infância e complexidade. In: PAES, R. R.; BALBINO, H. F. (Org.). **Pedagogia do esporte**: contextos e perspectivas. Rio de Janeiro: Guanabara Koogan, 2005. p. 1-24.

SCHMIDT, R. A.; WRISBERG, C. A. **Aprendizagem e performance motora**: uma abordagem da aprendizagem baseada no problema. Tradução de Ricardo Demetrio de Souza Petersen et al. 2. ed. Porto Alegre: Artmed, 2001.

SIEDENTOP, D. (Ed.). **Sport Education**: Quality PE Through Positive Sport Experiences. Champaign, IL: Human Kinetics, 1994.

SIEDENTOP, D. The Theory and Practice of Sport Education. In: BARRETTE, G. T. et al. (Ed.). **Myths, Models and Methods in Sport Pedagogy**. Champaign, IL: Human Kinetics, 1987. p. 79-86.

SISTEMAS defensivos balonmano 6-0 5-1 3-2-1 3-3. Disponível em: <https://www.youtube.com/watch?v=gDfZhb9mSXY>. Acesso em: 10 jul. 2023.

SILVA, J. **Modelação táctica do processo ofensivo em andebol**: estudo de situações de igualdade numérica, 7 vs 7, com recurso à análise sequencial. 289 f. Tese (Doutorado em Ciências Sociais) – Universidade do Porto, Porto, 2008. Disponível em: <https://repositorio-aberto.up.pt/handle/10216/99467>. Acesso em: 10 ago. 2023.

SOUSA, D. J. et al. Análisis de las situaciones de juego 2vs2 en el campeonato europeo masculino de balonmano 2012: aplicación de la técnica de coordenadas polares. **Cuadernos de Psicología del Deporte**, v. 15, n. 1, p. 181-194, 2015. Disponível em: <https://scielo.isciii.es/scielo.php?pid=S1578-84232015000100018&script=sci_abstract&tlng=pt>. Acesso em: 20 dez. 2023.

SOUZA, J. de et al. Alterações em variáveis motoras e metabólicas induzidas pelo treinamento durante um macrociclo em jogadores de handebol. **Revista Brasileira de Medicina do Esporte,** v. 12, n. 3, p. 129-134, maio/jun. 2006. Disponível em: <https://www.scielo.br/j/rbme/a/ZWbYZT6fsmmjfXTNdgCCrVt/?format=pdf&lang=pt>. Acesso em: 3 jul. 2023.

TEODORESCU, L. **Problemas de teoria e metodologia nos jogos desportivos.** Lisboa: Livros Horizonte, 2003.

UNESCO – Organização das Nações Unidas para a Educação, a Ciência e a Cultura. **Diretrizes em educação física de qualidade (EFQ):** para gestores de políticas. Paris, 2015. Disponível em: <https://unesdoc.unesco.org/ark:/48223/pf0000231963>. Acesso em: 15 dez. 2023.

VARGAS, F. S. Preparación física aplicada a los deportes colectivos: balonmano. **Cadernos Técnicos Pedagóxicos do Inef de Galicia,** n. 7, mayo 1993. Disponível em: <http://www.entrenamientodeportivo.org/articulos/Preparacion_Fisica_Aplicada_a_Deportes_Colectivos_Balonmano_Inef_Galicia_1993_Seirulo.pdf>. Acesso em: 3 jul. 2023.

VIEIRA, S.; FREITAS, A. **O que é handebol:** história, regras, curiosidades. Rio de Janeiro: Casa da Palavra, 2007.

Bibliografia comentada

Para o aprofundamento teórico e prático do handebol, apresentamos bibliografias comentadas de cinco obras temáticas de significativa distinção no âmbito da modalidade.

EHRET, A. et al. **Manual do handebol**: treinamento de base para crianças e adolescentes. São Paulo: Phorte, 2002.

Esse livro é a tradução do manual da escola alemã de formação de jogadores de handebol. A obra traz conhecimentos detalhados sobre as etapas de formação, com diretrizes e objetivos muitos elucidativos sobre o processo, bem como uma clara distribuição dos conteúdos relativos a etapa de formação. Ainda, aborda em pormenores a constituição de cada elemento tático-técnico individual de ataque e defesa, além de contar com um capítulo exclusivo para o posto específico de goleiro.

GRECO, P. J. (Org.). **Iniciação esportiva universal II**: metodologia da iniciação esportiva na escola e no clube. Belo Horizonte: Ed. da UFMG, 1998.

Esse livro é considerado a primeira publicação de uma proposta concreta sobre a iniciação esportiva do esporte nas escolas e em clubes. A obra trata da importância da competição e dos perigos de uma precoce necessidade de competir e vencer. Além disso, enfatiza as particularidades técnicas e os métodos de treinamento em várias modalidades de esporte coletivo, em especial o handebol e seu ensino no método situacional, possibilitando aos praticantes o conhecimento por meio da compreensão tática do jogo.

GRECO, P. J.; ROMERO, J. J. F. (Org.). **Manual de handebol**: da iniciação ao alto nível. São Paulo: Phorte, 2011.

Nessa obra, Greco e Romero, em conjunto com vários autores, materializam conhecimentos abrangentes do handebol nos aspectos sócio-históricos, educativos, tático-técnicos, didático-pedagógicos e teórico-práticos que servem de referencial para o processo formativo do jogador em distintas vertentes teóricas, aliados a um excelente rol de conhecimentos específicos acerca dos elementos individuais e de grupo ofensivos e defensivos.

KRÖGER, C.; ROTH, K. **Escola da bola**: um ABC para iniciantes nos jogos esportivos. 2. ed. São Paulo: Phorte, 2002.

Essa obra consiste em uma tradução da proposta metodológica da Alemanha para a iniciação esportiva em diferentes modalidades esportivas e apresenta diversas possibilidades de desenvolver a coordenação por meio de divertidos jogos com bola, os quais podem ser facilmente implementados para o ensino do handebol em inúmeros contextos. Trata-se de um excelente manual e fonte de ideias para aqueles que trabalham com educação, atividade física ou esportes nos seus mais diversos níveis.

ROTH, K.; MEMMERT, D.; SCHUBERT, R. **Escola da bola**: jogos de arremesso. São Paulo: Phorte, 2018.

Esse livro dá continuidade à proposta da escola da bola, entretanto, a obra aborda a implementação de atividades para a especialização em uma modalidade esportiva, apresentando várias considerações acerca dos jogos de arremesso, os quais são divididos em três classes: jogos orientados a situações táticas (manter posse de bola, criar superioridade numérica etc.); jogos orientados ao desenvolvimentos de capacidades (pressão de tempo, precisão etc.); e jogos orientados ao desenvolvimento de habilidades (controlar o passe, controlar a posse de bola etc.). Todos os ensinamentos são trabalhados considerando sua prática e podem ser aplicados ao ensino do esporte tanto na escola quanto em clubes.

Respostas

Capítulo 1
Atividades de autoavaliação
1. c
2. c
3. d
4. a
5. c

Capítulo 2
Atividades de autoavaliação
1. c
2. b
3. d
4. a
5. e

Capítulo 3
Atividades de autoavaliação
1. d
2. c
3. d
4. b
5. e

Capítulo 4

Atividades de autoavaliação

1. c
2. b
3. a
4. b
5. d

Capítulo 5

Atividades de autoavaliação

1. d
2. c
3. b
4. c
5. a

Capítulo 6

Atividades de autoavaliação

1. d
2. d
3. b
4. c
5. a

Sobre os autores

José Carlos Mendes é graduado em Educação Física (1992) pela Universidade Estadual de Maringá (UEM) e mestre (2006) e doutor (2020) em Educação Física pela Universidade Federal de Santa Catarina (UFSC). Atualmente, é professor efetivo da Universidade Estadual do Oeste do Paraná (Unioeste) e coordenador do grupo de pesquisa Pedagogia do Esporte. Tem ampla experiência na área de educação física, com ênfase em treinamento desportivo, atuando principalmente nos seguintes temas: iniciação esportiva, handebol, pedagogia do esporte e metodologias dos esportes coletivos.

Evandra Hein Mendes é graduada em Educação Física (1994) pela Universidade Estadual do Oeste do Paraná (Unioeste), mestre em Educação Física (2005) pela Universidade Federal de Santa Catarina (UFSC) e doutora em Educação Física (2016) pelo Programa de Pós-Graduação Associado em Educação Física pela Universidade Estadual de Londrina (UEL). Atualmente, é professora efetiva da Unioeste. Tem ampla experiência na área de educação física, atuando principalmente nos seguintes temas: voleibol, avaliação, didática, prática pedagógica, estágio supervisionado, prática de ensino, ginástica rítmica, natação, dança e formação inicial.

Impressão:

Fevereiro/2024